Petra Morsbach

Warum Fräulein Laura freundlich war

Die Arbeit wurde vom
Internationalen Künstlerhaus Villa Concordia, Bamberg,
und vom Herrenhaus Edenkoben gefördert.

Petra Morsbach

Warum Fräulein Laura freundlich war
Über die Wahrheit des Erzählens

Essay, 2006

2012 von der Autorin durchgesehen
und korrigiert

Impressum

2012 von der Autorin durchgesehen und korrigiert

Die Originalausgabe erschien 2006 im Piper Verlag, München
Bibliografische Information der Deutschen Nationalbibliothek:
Die Deutsche Nationalbibliothek verzeichnet diese Publikation
in der Deutschen Nationalbibliografie, detaillierte bibliografische
Daten sind im Internet über http://dnb.dnb.de abrufbar.

© Petra Morsbach, 2018
Herstellung und Verlag:
BoD – Books on Demand, Norderstedt

ISBN: 978-3-7528-0595-6

Umschlagillustration: Kornelia Rumberg, www.rumbergdesign.de
Satz: Anton Kriegler
Dieses Werk ist urheberrechtlich geschützt,
jede Verwertung bedarf der Genehmigung der Autorin

Kontakt: pmhtm@t-online.de

Inhalt

Vorwort

Warum sagen wir vieles nicht so, wie wir wollen? Warum übertreiben oder verschweigen wir, gebrauchen vage Sätze, falsche Worte? Warum gilt das insbesondere für unsere Erzählungen? Warum überhaupt hat es eine solche Bedeutung, *wie* wir unsere Erlebnisse erzählen, obwohl wir doch scheinbar reden können, wie's uns passt? Nehmen wir mehr wahr, als wir wahr haben möchten? Und, falls ja: Was zwingt uns, dieses »Mehr« auch auszudrücken? Ist es die »Wahrheit«? Woher käme sie? Warum hat der Begriff eine solche Bedeutung für uns, und warum tun wir uns mit ihm so schwer?

Man kann das Wort »Wahrheit« auch vermeiden. Nach einem kaum widerlegbaren Diktum von Nietzsche gibt es keine Wahrheit, nur Interpretationen[1]. Aber: Es gibt doch Interpretationen von sehr unterschiedlichem Wert. Worin besteht der Unterschied? Worin der Wert? Und, um hier versuchsweise die »Wahrheit« durch den Begriff »treffende Deutung« zu ersetzen: Kann es also sein, dass unsere Sprache tatsächlich eine Tendenz zu dieser treffenden Deutung hat, womit ich mit »uns« nicht nur Logiker und Philosophen meine, sondern auch Leute, die über Sprache noch nie nachgedacht haben, und sogar notorische Lügner?

Der vermeintliche »Eigensinn« der Sprache fasziniert mich, seit ich bewusst denken kann. Ich erlebe ihn täglich, beim Zuhören wie beim Lesen, beim Reden und Schreiben. Beim Lesen, wenn ich einen Autor in seinen Sätzen, seiner Wortwahl, seinem Duktus zu erkennen meine, als säße er leibhaftig vor mir. Beim Schreiben, wenn ich in meiner eigenen Sprache

Möglichkeiten oder Defekte erkenne, von denen ich nichts ahnte; und natürlich, wenn meine Sätze mich nachts wecken und Korrekturen anbieten, als wollten sie besser werden. Mir schien immer, die Sprache sei unbestechlich, und nur unsere individuellen Grenzen (Zeit, Faulheit, Verstandesschwäche, Angst) hinderten uns daran, ihre Weisheit wahrzunehmen.

Eines Tages fragte ich mich, ob man all das nicht genauer beschreiben könne. Dieses Buch ist das Resultat.

Es teilt sich in einen kurzen »theoretischen« und einen längeren »praktischen« Teil. Auch der theoretische Teil entspringt der Praxis, er geht von meiner künstlerischen Erfahrung aus und setzt entsprechende Akzente.

Der praktische Teil ist die Probe aufs Exempel: Eine Wahrheit des Erzählens findet man nur in konkreten Erzählungen. Ich suchte mir einige nach Thema oder Stil möglichst vertrackte Bücher unterschiedlichen Niveaus heraus. Der besseren Verständlichkeit wegen waren es deutschsprachige Erzählungen der letzten Jahrzehnte, und zwar *Der Vater eines Mörders* von Alfred Andersch (1980), *Mein Leben* von Marcel Reich-Ranicki (1999), und *Die Blechtrommel* von Günter Grass (1959). Alle drei waren bei Kritik wie Publikum höchst erfolgreich und haben sich hunderttausendfach verkauft. Auch das war mir wichtig: Man muss sie nicht gelesen haben, um meine Argumentation zu verstehen – ich zitiere ausführlich –, aber wer sie kennt, kann meine Analyse mit mehr eigenen Eindrücken vergleichen.

Ich spreche über Grundlagen des Erzählens, aber jedes Buch hat auch ein aufwühlendes Thema, enthält viel Stoff und wirft Fragen auf, die über Stil und Struktur hinaus gehen. Ich stelle mich diesen Fragen, da ohne sie mancher Sprachknoten nicht zu lösen wäre. Dabei agiere ich zwangsläufig subjektiv, also geprägt von meiner eigenen Kunst, Herkunft und Gegenwart. Ich habe das benannt, soweit es mir bewusst war. Wo nicht, wird es für andere an meiner Sprache ablesbar sein.

Mein Buch richtet sich nicht in erster Linie an Literaturspezialisten, sondern an alle, die gern zuhören und erzählen, an Schreibende, die ähnliche Fragen haben, an Leser, die es genauer wissen wollen, und an alle, die sich angerührt fühlen von der Klarheit und dem Geheimnis unserer Sprache.

I. »Die Beweislast für meine Unschuld ist erdrückend« –

Über den vermeintlichen Eigensinn der Sprache

Beispiel

Es gibt in der *Selbstbiographie* von Franz Grillparzer (1791-1872) eine bestürzende Stelle. Eine Magd hatte »nach Mitternacht und gegen Morgen« den jungen Mann durch Klopfen geweckt, er möge »um Gotteswillen« hinüberkommen,

da die gnädige Frau durchaus nicht ins Bett zurückgehen wolle. Ich eilte ins Zimmer meiner Mutter und fand diese halb angekleidet an der Wand zu Häupten ihres Bettes stehend. Ich beschwor sie, sich keiner Verkältung auszusetzen und sich wieder niederzulegen, erhielt aber keine Antwort. Ich faßte sie an, um allenfalls ihrer Schwäche nachzuhelfen, da, bei dem Scheine des von der Magd gehaltenen Lichtes, sehe ich ihre Züge starr und leblos. Ich hielt meine Mutter tot in meinen Armen. Wahrscheinlich war ihr während der Nacht der Gedanke wiedergekommen in die Kirche zur Kommunion zu gehen. Während sie sich ankleiden wollte, traf sie ein Schlagfluß, wobei ihr Rücken gegen die Mauer lehnte, während ihre Knie sich gegen den vor ihr stehenden Nachttisch stemmten, so daß sie aufrecht im Tode dastand. Das Entsetzen dieses Moments läßt sich begreifen. Da aber vielleicht noch Hilfe möglich sein konnte, befal ich den Mägden die Frau ins Bette zu bringen und eilte augenblicklich fort nach dem Arzte, der mir auch ebenso schnell folgte. Als wir kamen,

> *hatten sich die dummen Weibsbilder nicht getraut die Tote anzufassen und sie stand immer noch neben ihrem Bette. Wir brachten sie in dieses, wobei aber sogleich der Arzt erklärte, daß hier von einer Hilfe keine Rede mehr sei.* [2]

Nicht nur die Szene selbst, auch der Widerspruch zwischen Inhalt und Duktus der Erzählung ist unheimlich. Der Inhalt erstaunt: Tote lehnen nicht an der Wand. Der Duktus aber ist sorgfältig, nüchtern, von fast stoischem Realismus. Was steckt hinter diesem Trauma im Kanzleistil?

Sehen wir genauer hin. Warum soll der Sohn »um Gotteswillen« hinüberkommen, wenn die Mutter bloß nicht ins Bett will? Wie kann ein »Nachttisch« das Gewicht eines Menschen auffangen? Und sinken Sterbende nicht in sich zusammen, anstatt steif stehen zu bleiben? Weiter: Warum legt der Sohn die Mutter, die er schon in seinen Armen gehalten hatte, nicht selbst ins Bett? Warum unterläuft in diesem Zusammenhang ihm, der insgesamt eher einen bürokratischen Stil pflegt (»Wir brachten sie in dieses«), der aggressive Ausrutscher gegen die Mägde (»dummen Weibsbilder«)?

Was weiß der Leser bis dahin über die Mutter? Sie war früh verwitwet und arm, ein Sohn hatte sich umgebracht. Kurz vor dieser Szene heißt es, sie habe in letzter Zeit »gekränkelt«.

> *Sie hatte ihr achtundvierzigstes Jahr erreicht und befand sich auf dem gefährlichen Punkt wo die weibliche Natur einen großen Umschwung erleidet.*

Hinweis auf Wechseljahre?

> *Trotz des Beistandes eines sehr geschickten Arztes, verschlimmerte sich ihre Krankheit von Tag zu Tag, sie konnte endlich das Bette nicht mehr verlassen, ja es stellte sich periodenweise eine eigentliche Geistesverwirrung ein.*

Depression?

In diesem Zustande begehrte sie, da die österliche Zeit heranrückte, aufzustehen und zur Kommunion zu gehen, obschon sie sonst gerade nicht sehr religiös gestimmt war.

Schuldgefühl?

Der Arzt jedenfalls rät nicht nur vom Kirchenbesuch, sondern auch von der Kommunion im Hause »wegen der damit verbundenen Aufregung« ab. »Sie könnte, meinte er, sich und andern zur Qual in ihrem gegenwärtigen Zustande noch mehrere Jahre leben.« Spricht das nicht sogar für eine schwere seelische Erkrankung?

Um sie zu beruhigen, versprach ich ihr nächsten Tages den Priester mit dem Allerheiligsten holen zu lassen, indem ich hoffte, daß bis dahin sich ihre Besinnung wieder hergestellt haben würde. Und so legte ich mich zu Bette.

Wenige Stunden später wird der Sohn von der Magd geweckt.

Eine weitere Auffälligkeit: Warum findet diese hochemotionale Situation in der Erzählung keinen direkten Ausdruck (»Das Entsetzen dieses Moments läßt sich begreifen«)? War dem Dichter die Mutter gleichgültig? Nein, eher das Gegenteil, lesen wir auf der nächsten Seite:

Was ich empfand könnte nur derjenige beurteilen, der das, ich möchte sagen, Idyllische unsers Zusammenlebens gesehen hätte. Seit ich nach dem Versiegen ihrer eigenen Hilfsquellen allein die Bedürfnisse des Hauses bestritt, vereinigte sich für sie in mir der Sohn und der Gatte. Sie hatte keinen Willen als den meinigen, mir fiel aber auch nicht ein einen Willen zu haben, der nicht der ihrige gewesen wäre. Alles Äußerliche überließ ich ihr blindlings, wogegen sie sich aber auch allen Einmengens in meine

Gedanken, Empfindungen, Arbeiten und Überzeugun-
gen gleicherweise enthielt.

Es gibt nur einen einzigen, aber umso stärkeren Hinweis auf die Erregung des Sohnes in dieser Szene: Nachdem er die Mutter schon tot in den Armen gehalten hatte, rennt er hinaus, einen Arzt zu holen, da »vielleicht noch Hilfe möglich sein konnte«. Man kann das als Schockreaktion verstehen. Aber als der Dichter die Szene aufschrieb, waren über dreißig Jahre vergangen. Was war so unerträglich, dass es sein Verstandeswissen noch nach Jahrzehnten außer Kraft setzte, als wäre die Katastrophe nie verarbeitet worden? Was war an ihr so unbegreiflich, dass die Mutter, in einer phantastisch symbolisierenden Verarbeitung, immer noch wie eine Untote in des Sohnes Erinnerung »neben ihrem Bette stand«?

Die Nachforschung ergibt: Die Mutter hatte sich erhängt[3]. Offenbar brachte Grillparzer es auch dreißig Jahre später nicht über sich, diese Tatsache beim Namen zu nennen. Möglicherweise haben Trauma und Schuldgefühl seine Erinnerung teilweise gelöscht, und was wir lesen, ist die aufrichtigste Darstellung, die er geben konnte. Ich glaube nicht, dass er bewusst gelogen hat. Die Autobiographie dieses zerrissenen, bitteren, zwanghaften Menschen ist ein Dokument skrupulöser Selbsterforschung. Gerade ihre Lakonie und Sachlichkeit machen ihre Intensität aus, und ihr literarischer Rang steht außer Zweifel, auch wenn sie eigentlich als Sachtext konzipiert wurde: Grillparzer begann die Niederschrift 1853 auf Anfrage der Wiener k.u.k. Akademie der Wissenschaften, kam in seiner Schilderung aber nur bis zum Jahr 1838, in dem er mit seiner philosophischen Komödie *Weh dem, der lügt* durchfiel und sich aus dem literarischen Leben zurückzog. Das Manuskript wurde in seinem Nachlass gefunden und postum 1872 veröffentlicht.

Hätte Grillparzer geschrieben: »Meine Mutter verstarb am …. an einem Schlaganfall«, hätte niemand das in Frage gestellt. Denn eine standardisierte Feststellung bietet, wenn man den

Kontext nicht kennt, keinen Anlass zum Zweifel. Dadurch, dass der Autor die Geschichte *erzählte*, hat er die Spur gelegt. Kein Außenstehender hat ihn gezwungen. Er tat das anscheinend Notwendige: Er fasste das Trauma in eine Form, in der er es gerade noch ertrug. Es war die genaueste Deutung, zu der er im Augenblick des Erzählens von sich aus fähig war. Und nicht, dass er die Wahrheit verschleiert, ist das Frappierende, sondern dass er sich selbst des Verschleierns überführt. »Der Selbstverrat dringt den Menschen aus allen Poren«, sagte Sigmund Freud[4]. Man kann es auch anders formulieren: Vielleicht gibt es etwas im Menschen, das ihn, oft sogar gegen seinen Willen, zur Wahrheit drängt?

Wahrheit?

Mit Wahrheit meine ich die Erkenntnis der eigenen Situation. Da unsere Situation von innerem Erleben ebenso bestimmt wird wie von äußeren Fakten, hat jede Wahrheit eine stark subjektive Komponente. Fakten und Erleben bedingen einander und können gleichzeitig Quelle schwerer Konflikte sein. Diese Konflikte bearbeitet der Mensch mit Hilfe der Sprache. Hauptziel der Bearbeitung ist für ihn, seine Biographie so zu deuten, dass er in seiner Umwelt handlungsfähig bleibt. Um dieser Handlungsfähigkeit willen geht er bei seiner Deutung gelegentlich Kompromisse ein, wie Grillparzers Bericht zeigt. Allerdings sind der Deutungswillkür Grenzen gesetzt: Der Mensch kann verdrängen, er kann lügen - beides tut er oft -, aber er wird dadurch die Probleme nicht los. Anscheinend gibt es etwas in ihm, das nach Objektivität strebt und die tiefere Klärung der Situation verlangt. Das ist es, was ich Wahrheit nennen möchte. Sie setzt sich meist nicht durch, aber sie spielt immer mit. Ihr Instrument ist die Sprache, und ihr wirksamstes Genre ist die Erzählung, wie ich im Folgenden zeigen möchte.

Wir Menschen, das unterscheidet uns vom Tier, deuten unser Leben, und zwar ununterbrochen. Wir deuten, indem wir uns selbst oder anderen erklären, was wir erlebt haben, wie wir es sehen und wie wir daraufhin handeln wollen oder auch nicht. Unsere Deutung, auch die bescheidenste, muss dem Vergehen der Zeit Rechnung tragen, deshalb ist das Basisverfahren unserer Deutung das Erzählen. Wir wollen und müssen wissen, wer wir sind und woran wir sind, denn von unserem Selbst- und Weltverständnis hängt unsere Handlungsfähigkeit ab, also in gewissem Maß auch unser Schicksal.

In der Praxis haben wir freilich erhebliche Schwierigkeiten mit der Wahrheit.

Zum Beispiel individuelle: Schon als ganz kleine Kinder möchten wir geliebt werden. Davon hängt gerade in diesem Stadium unser Überleben ab, das bestimmt unsere ersten Gedanken. Die notwendige Fiktion eines liebenswerten, zumindest annehmbaren Ich wird uns durch unser weiteres Leben begleiten. Unsere ersten, kindlichen Deutungen folgen schlichten Mustern: Es gibt den erlebenden Helden (uns) und eine Reihe guter oder böser Nebenfiguren, die ausschließlich auf uns bezogen sind. Aber mit den Jahren wird alles komplizierter. Wir machen erschreckende, peinliche, angstauslösende Erfahrungen. Wir können uns helfen, indem wir sie erzählen. Gern erzählen wir sie so, dass wir bei Anderen Trost und Bestätigung finden. Trost und Bestätigung sind so wichtig, dass wir um ihretwillen gelegentlich von den Fakten abweichen. Dabei kollidiert unser Wahrheitsbedürfnis mit unseren Selbst-Fiktionen. Auch dieses Phänomen wird uns durch unser Leben begleiten. Vielleicht erlangen wir durch den »abweichenden« Bericht den erwünschten Trost, aber die Beruhigung ist nur oberflächlich, denn wenn man's falsch erzählt, gilt der Trost ja nicht einem selber, sondern der Lüge. Schlimmstenfalls nimmt die Bedrückung noch zu, so dass man die Geschichte immer wieder und immer falscher erzählen muss, um noch kurzfristig Beruhigung zu spüren.

Man kann also ein Erlebnis auf mehr oder weniger »richtige« oder »falsche« Weise erzählen. Selten sind die Verhältnisse so eindeutig wie in Grillparzers Trauma-Geschichte, doch der Unterschied zwischen dem, wie man's erlebt hat, und dem, wie man's gern hätte, spielt immer eine Rolle. Wahrscheinlich kennt jeder von uns die Erfahrung, wie er sich beim Erzählen einer Alltagskrise mühsam, immer wieder blockiert von Stolz und Scham, stufenweise zu »richtigeren« Versionen durchrang. Vielleicht hat der eine oder andere sich unter Krämpfen dem angstbesetzten Kern des Problems angenähert und dort staunend Erleichterung gefunden, weil die tiefere, treffende Deutung, auch wenn sie nicht schmeichelhaft war, Einsicht in größere Zusammenhänge und neue Perspektiven, also Hoffnung, bot. Vielleicht hat er sich an dieser Stelle erstaunt gefragt, welche Katastrophe er eigentlich befürchtet hatte.

Vielleicht aber auch nicht. Vielleicht ist er viel früher umgekehrt. Denn die tiefere Deutung strapaziert etliche vermeintlich lebenswichtige Vorstellungen. Zunächst müssen wir uns von der Heldenperspektive trennen: Wir sind nicht das Zentrum der Welt, und die anderen handeln nicht auf uns zu, sondern jeder für sich. Das ist die erste Stufe. Wir sind nicht immer unschuldig an den Konflikten, in die wir geraten. Das ist die zweite Stufe. Und es kommt noch schlimmer: Wir sind nicht so gut, wie wir gern wären, nicht so liebenswert, nicht so schön, nicht so stark. Schließlich muss eine tiefe Deutung noch die Grundbedingung einer Existenz verarbeiten, die kurz, gefährlich, ungerecht und absurd erscheint und deren Sinn höchst ungewiss ist. Das gelingt unterschiedlich: Eine Deutung, die den einen erleichtert, kann den anderen in Wut und Verzweiflung stürzen und einem dritten schon als Ahnung unerträglich sein.

Zu den individuellen Schwierigkeiten mit der Wahrheit kommen die sozialen: Wir können nur in einem sozialen Umfeld überleben, streben als soziale Wesen einen Deutungskonsens an und wollen unsere Biographien koordinieren.

Andererseits sind wir in der sozialen Alltagspraxis Partei: Wir müssen im eigenem Interesse handeln und deuten, uns etwa im Bewerbungsgespräch positiv darstellen, uns in Konflikten behaupten, unsere Privatsphäre schützen. Wir ahnen vielleicht, dass wir um eines hochwertigen sozialen Konsenses willen auf allzu egoistische Deutungen verzichten sollten, und befürchten gleichzeitig gesellschaftlichen und psychischen Schaden, wenn wir es tun.

Unser Verhältnis zur Wahrheit ist also ambivalent. Wir wollen einerseits möglichst genau wissen, woran wir sind, und andererseits doch lieber nicht. Wir sehnen uns nach der Wahrheit und fürchten sie. Wir spüren, dass Wahrheit Hoffnung bedeuten könnte, aber statt unsere Hoffnung der Wahrheit anzuvertrauen, unterwerfen wir lieber die Wahrheit unserer Hoffnung. Wir beugen die Wahrheit und werfen es uns vor. All diese Leidenschaften wirken mit elementarer Kraft auf uns ein, und all unsere Erzählungen sind von ihnen gezeichnet. Unsere Welt ist ein Chaos von mehr oder weniger bemühten und hilflosen, aber auch von wahnhaften, zynischen, betrügerischen Deutungen, ein Chaos, das nicht nur Lärm und Missverständnisse bedeutet, sondern auch Ausbeutung und Krieg. Und nirgends gibt es einen übermenschlichen, von allen respektierten Schiedsrichter, der verbindlich sagte, welche Deutung die richtige wäre und welche nicht.

Traum und Kunst

Angesichts dieser Schwierigkeiten mag es wie ein Wunder erscheinen, dass überhaupt reiche und tiefe Deutungen möglich sind. Aber es gibt sie. Woher sie kommen, ist ein Rätsel. Wir haben eine Phantasie, die unabhängig von unserem strategisch wertenden Bewusstsein arbeitet und zum Beispiel im Traum, wenn das Bewusstsein geschwächt oder ausgeschaltet ist, unsere inneren Konflikte bearbeitet. Diese Phantasie kann es schaffen, im Traum unsere wunde Seele gleichzeitig zu konfrontieren und zu schonen, indem sie das Ich aufteilt und seine Funktionen auf andere Objekte überträgt. An anderen Figuren kann man eigene Probleme leichter erkennen, da das Ego nicht direkt bedroht scheint. Wir sehen also, mehr oder weniger verschlüsselt, in einem verdichteten Szenario aus einem gewissen Abstand unsere Sache verhandelt. Das bedeutet noch nicht Rettung oder Heilung, ist aber bereits unentbehrliche Deutungsarbeit. Man kann Träume mit Worten deuten, um ihre Essenz auch dem analytischen Bewusstsein zugänglich zu machen. Aber schon der Traum selbst ist Deutung – die genaueste Deutung, zu der der Träumer im Augenblick des Traums von sich aus fähig ist.

Wir sehen als Träumende in einem verdichteten Szenario aus einem gewissen Abstand unsere Sache verhandelt: Das ist auch der Kern der Kunst. Was der Traum im Individuum leistet, leistet die Kunst im größeren sozialen Zusammenhang. Kunst ist auch Verständigung anhand fremder Erzählungen, die keiner anwesenden Partei dienen und folglich unabhängig sind. Wahrscheinlich hat das vor Tausenden Jahren mit Sagen und Heldengeschichten begonnen: Die Götter- und Heldengeschichten gehörten allen gleichermaßen und hatten enorme integrative Kraft. Sie wurden zunächst mündlich, dann schriftlich tradiert. Sie formten die Identität und erweiterten das Bewusstsein der Hörer, wurden fortgeschrieben, ergänzt, ersetzt und bekamen eine solche Bedeutung, dass eine eigene Berufsgruppe entstand: die der Schriftsteller.

Schriftsteller sind Menschen, die eine bestimmte Art des Deutens zu ihrem Beruf gemacht haben. Sie tun das, was jeder von uns tut, nur auf handwerklich höherem Niveau, da sie die Zeit, die andere Leute in der Fabrik, im Büro oder am Herd verbringen, auf die Entwicklung ihres Sprachvermögens und die Arbeit der Deutung sowie auf das Finden und Erfinden von Geschichten verwenden können. Idealerweise liefern die Schriftsteller Modellerzählungen, die präzis, überparteilich und konkret anhand fiktiver Schicksale unsere Gegenwart spiegeln. Idealerweise kann die literarische Deutung unsere Realität ohne Rücksicht auf herrschende Ideologien schildern und, ohne jemanden bloßzustellen, zu unseren tiefsten Problemen und heimlichsten Phantasien vordringen. Sie lockt durch Intensität und ästhetische Qualität. Sie fängt individuelles Leben in seiner Vergänglichkeit ein. Eine geglückte Erzählung rührt immer auch an die tieferen Fragen unserer Existenz, so dass wir uns in ihr wiedererkennen, selbst wenn die beschriebene Epoche samt ihrem Personal längst untergegangen ist. Das ist Kunst.

Idealerweise ist die literarische Deutung frei, also im Gegensatz zu allen anderen Deutungen nicht von persönlichen Interessen gesteuert. In der Praxis aber haben Schriftsteller die gleichen Schwierigkeiten mit der Wahrheit wie alle anderen Menschen: Sie kämpfen um ihr Ego, hadern mit ihrem Schicksal, sind beschränkt und von Vorurteilen geprägt und wollen außerdem noch im sozialen Kontext bestehen, was unter anderem bedeutet, dass sie ihre Bücher verkaufen müssen. Die edelste und unabhängigste Deutung geht unter, wenn keiner sich dafür interessiert. Der Autor muss also ein Publikum fesseln, dessen Wahrheitseifer begrenzt ist. Die vielleicht größte Leidenschaft des Menschen ist sein Selbst. Erzählungen, die Größenphantasien bedienen (also den Leser zur Identifikation mit einem überhöhten Helden einladen), finden die breiteste Gegenliebe und beherrschen traditionell unsere Bestsellerlisten. Erzählungen mit Wahrheitsanspruch finden theoretisch den höchsten Respekt, so dass jede Kultur, die auf sich achtet, einen kleinen Kulturpool pflegt, in dem der Anspruch hochgehalten wird. Da einerseits auch hochgehaltener Anspruch das Ego bedient und somit korrumpiert, da andererseits aber die Sehnsucht nach Wahrheit auch im schlichtesten Genre immer wieder aufblitzt, gibt es alle erdenklichen Mischformen. Auch in der Literatur also mag es wie ein Wunder erscheinen, dass reiche und tiefe Deutungen möglich sind. Aber es gibt auch sie, und verblüffenderweise herrscht über solche Einzelleistungen ein erstaunlicher Konsens über die Zeiten, Länder und Kulturen hinweg, was umso bemerkenswerter ist, als literarische Deutungen mit kommerzieller oder politischer Macht selten langfristig durchgesetzt werden können. Auch hier wirkt eine Phantasie, die unabhängig von unserem strategischen Bewusstsein arbeitet. Wir könnten sie, wie die des Traums, eine unzensierte kreative Deutung nennen, die unserem Wahrheitsstreben entspricht. Woher dieses Wahrheitsstreben kommt, wissen wir nicht. Aber es scheint, wie im individuellen Traum, einer Notwendigkeit der Seele zu entspringen. Unsere Tagträume werden von unseren Wünschen bestimmt, unsere Nachtträume von unseren Nöten. Die Bilder und Szenen der Nachtträume haben eine ganz andere Komplexität und Intensität als die der auf Lustgewinn zielenden Tagträume. Dieser Unterschied in Macht und Effekt wird den meisten Träumern bewusst sein. Ich denke, er macht den Unterschied zwischen guter und trivialer, also Wunscherfüllungs-Literatur, aus. Freilich sind auch hier die Übergänge fließend, es dominiert ein stark durchmischtes Mittelfeld. Der Autor vom unteren Ende der Skala, der vorsätzlich kalt die Instinkte des Publikums bedient, ist sicher nicht repräsentativ, denn alle Künstler begannen zumindest als Träumer. Der Künstler vom oberen Ende der Skala, der unbeeinträchtigt frei und traumhaft sicher mit klarem Verstand aus den Tiefen seiner Seele schöpft, dürfte noch seltener sein; falls es ihn überhaupt gibt.

Sprache und Wahrheit

Geleistet wird diese Differenzierung durch das erstaunliche Instrument der Sprache. Mit ihrer komplexen Grammatik, die keiner sich ausgedacht hat, mit ihrem Reichtum an Worten, Ebenen und Strukturen vermag sie alle bewussten und unbewussten Bereiche unseres Erlebens auszudrücken und enthält das ganze uns wahrnehmbare Rätsel unserer Existenz. Es ist verblüffend, wie viele Bezüge ein normaler gesprochener Dialog enthalten kann weit über die ausgetauschten Informationen hinaus. Die Beziehung der Sprecher zueinander, ihre

Absichten und Ansprüche, ihre Temperamente, ihr Verstand, Witz, Gefühl, all das ist in ihrer Rede verzeichnet. Der Bedeutungsunterschied zwischen den Sätzen »Ich weiß es nicht« und »Woher soll ich das wissen?« ist, bei gleicher Grundaussage, offenbar. Der psychische Hintergrund von Fehlleistungen wie »zum Vorschwein kommen« oder »...möchte auf das Wohl unseres Jubilars *auf*stoßen«[5] gehört seit Sigmund Freuds *Psychopathologie des Alltagslebens* zu unserem Allgemeinwissen. Immer wieder hören wir zauberhaft kreative Selbstaussagen: »...ein Glas Chamapagner aufmachen!« (Dr. Edmund Stoiber)[6], »Die Beweislast für meine Unschuld ist erdrückend« (Sektenführerin Uriella)[7]. Schon Standardwendungen (»Das ist mir runtergefallen«) sagen meist mehr, als der Sprecher glaubt. Und ganz normale Wörter wie Ent*täuschung* und Ver*sehen* können erstaunlich hintergründig sein: als hätte, da wir sie erfanden, eine Weisheit in uns gewirkt, derer wir uns gar nicht bewusst waren.

Erzählen und Wahrheit

Aufs Erzählen trifft das noch stärker zu. Jede Erzählung deutet ein Stück Erfahrung, wodurch sie den Erzähler persönlich stärker fordert. Die Erzählung gibt also nicht nur seine Beobachtung wieder, sondern auch seine Interpretation.

Das gilt schon im Alltag. Eine Behauptung (zum Beispiel die von Müller: »Schmidt ist gemein«) ist unverbindlich. Um sich ein Bild zu verschaffen, muss man Müller erzählen lassen. Was hat Schmidt gesagt / getan? Wie und bei welcher Gelegenheit? Wie hat Müller reagiert? Warum so und nicht anders? Wie stand er vorher zu Schmidt, was hatte er erwartet? Schon nach drei Fragen wird, sofern Müller fähig ist, über sich Auskunft zu geben, die Geschichte sehr komplex. Aber gerade und nur in ihrer Komplexität ist sie triftig zu deuten.

Die Erzählung ist besonders deutungshaltig, weil sie so vielschichtig ist: Aus hundert Faktoren, die eine Situation bestimmen, muss der (mündliche) Erzähler blitzschnell das Wichtigste in eine kurze Lautkette transformieren; das ist ein dynamischer, hochkomplexer Vorgang, der ohne Intuition nicht möglich wäre. Anders gesagt: Die Erzählung enthält so viele Bezüge und Ebenen (Fakten, Personen, Absichten, Ablauf, Gefühle, Erlebnis), dass sie sich vom Bewusstsein nie ganz steuern lässt. So übernimmt die Sprache als halb- oder vorbewusstes Ausdrucksmittel die Führung.

Andererseits hängt die Qualität einer Erzählung auch von der Deutungsleistung des Erzählers ab: Unkontrolliertes Plappern bringt ebensowenig wie dürre Statements. Deutungsleistung nenne ich die sprachliche Gestaltung einer differenzierten Wahrnehmung. Beides ist mit geistigem und emotionalem Aufwand verbunden.

Warum? Weil ein neues Muster gefunden werden muss. Natürlich gibt es gängige alte Muster für alle Standardsituationen unseres Lebens, und natürlich sind wir versucht, unser Leben ihnen anzupassen. Wenn wir jung sind, kommen wir ohne sie gar nicht aus: Sie sind die Fabeln, nach denen wir unsere ersten Erfahrungen strukturieren. Es gibt archaische, kulturelle und modische Standardfabeln: »Mein Land ist das beste.« »Ich kann nichts dafür.« »Ich habe Pech in der Liebe.« Sie sind selten ganz falsch, aber eben auch selten richtig, weil sie ungenau sind. Sie zu übernehmen ist auf den ersten Blick bequemer als selbst zu denken und zu deuten, allerdings muss man etliche unpassende Details ausblenden, um ihnen zu entsprechen. Diese unterdrückten Details werden von unserer Phantasie oder unseren Träumen aufgenommen und können ein Eigenleben entwickeln, das unser Bewusstsein bedroht. Eine rohe Deutung kann uns nur zufriedenstellen, solange unser Erleben ihrem Muster vollkommen entspricht. Hindert sie uns daran, unsere Situation differenziert wahrzunehmen, kann sie uns unglücklich, sogar gefährlich machen.

Der Erzähler also, der sich von der Standardfabel löst und sein Erlebnis als etwas Neues wahrnimmt und darstellt, vollbringt eine Deutungsleistung. Je genauer, persönlicher, differenzierter er erzählt, desto bewusster und gleichzeitig schöpferischer muss er sein, und desto lebendiger und frischer wird unwillkürlich seine Sprache. Jeder Mensch, der das versucht, ist ein bisschen ein Künstler. Die guten Geschichten, die man auch im Alltag immer wieder hört, sind schöpferisch, weil sie die Kreativität des Lebens erfassen, ganz gleich ob das den Erzählern bewusst ist oder nicht.

Literarisches Erzählen

Das literarische Erzählen geht aus dem schöpferischen Alltagserzählen hervor. Einen prinzipiellen Unterschied gibt es nicht, nur einen graduellen: Auch das literarische Erzählen besteht wie das Alltagserzählen aus einer Kombination von Deutungsleistung und Intuition. Allerdings bedarf es beider in höherem Maße: Die literarische Erzählung ist zu komplex, in der großen Form außerdem zu inhaltsreich, als dass man sie spontan formulieren könnte. Und natürlich ist es schwieriger, einen ganzen Lebensabschnitt befriedigend zu deuten als eine Episode. Das gilt für den erfundenen Stoff ebenso wie für den, der direkt der Realität entnommen wurde: Je mehr Welt, desto komplexer die Aufgabe. Der Schriftsteller hat mehr Zeit, um seinen Gegenstand zu durchdringen und zu gliedern, die Transformation von Stoff in Sprache geschieht also nicht blitzschnell wie beim mündlichen Erzählen. Trotzdem braucht auch der Autor ein hohes Maß an Intuition, denn er muss aus entsprechend mehr Details auswählen. Abbilden geht nicht, es gibt kein Eins-zu-Eins-Erzählen. Auch der sogenannte Naturalismus[8] leistet das nicht. Das Leben ist amorph, biologisch, überindividuell; Sprache ist formal nur eine Kette von Lauten, die ein vergängliches Individuum unter dem momentanen Eindruck dieses Lebens bildet.

Auch Erfindung schöpft, zumindest in ihren Motiven, aus der Erfahrung. Der Romancier baut aus seiner inneren Welt, die auf die äußere reagiert, eine Modellwelt, die seine Themen fokussiert und die ihm zugänglichen Elemente des Menschlichen entwickelt. Auch wenn er Stoffe wählt, die mit seinem Alltag nichts zu tun haben, verhandelt er seine eigene Sache, man kann sogar sagen: je realitätsferner, desto direkter. Gerade *Fantasy*[9], die den Widerstand der Realität am wenigsten berücksichtigen muss, stellt seelische Bedürfnisse besonders unverhüllt dar.

Für jeden literarischen Erzähler gilt, dass er Monate und Jahre seines Lebens unfertigen Texten widmet. Könnte der Autor einen Roman von dreihundert Seiten spontan hinschreiben, bräuchte er drei Wochen. Er braucht aber viele Monate oder sogar Jahre. Unaufhörlich schaut er dabei auf seine schlechten Sätze. (Kaum sind die Sätze gut, gibt er sie aus der Hand.) Seine Arbeit besteht darin herauszufinden, warum die Sätze schlecht sind, und die richtigen Folgerungen zu ziehen. Er merkt, dass seine Gedanken und Erfindungen sich verbessern, wenn er seine Sprache verbessert. Auch aus Kleinigkeiten kann er viel lernen: Wo in zwei Sätzen hintereinander das Wort »aber« steht, hat er nicht klar gedacht. Abgegriffene Adjektive verraten, dass er nicht genau genug hingesehen hat, um eigene Worte zu finden. Schiefe Metaphern stehen für Übertragungsschwäche. Aber auch ein Text ohne Sprachfehler ist noch nicht gut: Die Sprache wird steril, wenn der Autor den Stoff zu sehr kontrolliert, und beliebig, wenn er es zu wenig tut. Sie wird gewunden oder schwerfällig, wenn er etwas verbergen will. Sie wird vage, wenn er aus Faulheit oder Unsicherheit ohne konkrete Vorstellung die Seiten füllt. Künstler wissen, wie es sich anfühlt, wenn der richtige Tonfall gefunden ist: Der Tonfall ist der Schlüssel, die Seele des Werks. Von da an sagt das Werk dem Autor, was es braucht. Das heißt nicht, dass er es nun »laufen lassen« dürfte, denn gerade ein Werk, das die gängigen Muster verlässt, fordert das Stoff- und Weltverständnis des Autors bis zum letzten Augenblick. Aber die Anforderungen werden konkreter, und der Text entwickelt einen Sog.

Bis zuletzt gilt: Jeder Aspekt verrät des Autors Einstellung in jedem Detail. Wer keine Beziehung zur Natur hat, kann

Natur nicht schildern. Vorurteile führen zu sprachlichen Klischees. Wer seinen Helden idealisiert, muss bewusst oder unbewusst lügen, und der Charakter wird blass, wie schon vielen Romanlesern aufgefallen ist – wenn auch meist indirekt im Erstaunen darüber, dass die »Bösewichter« so viel interessanter sind. Ideologie entwertet immer die Erzählung. Es gibt kein einziges gutes literarisches Werk, das im Geiste etwa des Faschismus, des Stalinismus oder der Inquisition geschrieben worden wäre[10]. Tatsächlich sieht es so aus, als überträfe das Wahrheitspotential unserer Sprache das unseres Willens bei weitem.

Erkenntnis und Individualität

Woher weiß die Sprache so viel über ihren Autor? Ist sie moralisch? Ich denke nein. Sie ist ein Erkenntnisinstrument. Erzählen ist ein Erkenntnisvorgang. Jede Erkenntnis ist nur individuell zu haben, durch Gedanken- und Gefühlsarbeit, und jede Erkenntnis ist ein schöpferischer Akt. Wo der Autor idealisiert, ideologisiert, traditionellen Vorgaben oder aktuellen Richtlinien folgt, verzichtet er auf eigene Anschauung zugunsten einer kollektiven Interpretation. Kollektive Interpretationen aber sind immer interessengesteuert und ungenau. Das wirkt sich sprachlich aus. Es gibt keine kreative sprachliche Leistung auf niedrigem individuellem Niveau, ebensowenig wie es eine hohe literarische Deutungsleistung auf niedrigem sprachlichem Niveau gibt.

Erzählen ist also ein Erkenntnisvorgang. Gutes Erzählen ist vollzogene Erkenntnisarbeit.

Erkenntnis zielt auf möglichst präzises, unparteiisches, objektives Wahrnehmen und Erfassen unserer Wirklichkeit – so, wie sie ist, nicht so, wie wir sie haben wollen. Zwar ist unsere Existenz unbegreiflich, denn zu vieles können wir nicht wissen, und noch das wenige, das wir wissen, ist zu reichhaltig, als dass wir es verarbeiten könnten in der knappen Zeit, die uns zur Verfügung steht. Aber der Erkenntnisdrang wirkt in all unser Tun, Denken, Fühlen hinein und hat somit Realität. Er ist eine konkrete, spezifische Determinante des Menschen.

Dass die Sprache das Instrument dieses Erkenntnisdrangs ist, lässt sich weder begründen noch beweisen. Ich bitte, es als Arbeitshypothese zu akzeptieren, und weise darauf hin, dass auch unser anderes großes Erkenntnissystem, die Mathematik, nicht besser fundiert ist: Auch die Mathematik beruht auf Axiomen und Deduktionen und bestätigt sich allein dadurch, dass man anhand ihrer Erkenntnisgewinn vollziehen kann. Das Zirkularitäts-Problem jeder Erkenntnis gilt für sie wie für die Sprache gleichermaßen.[11]

Ich möchte also auf die Realität des Erkenntnisdrangs verweisen und auf die reale Bedeutung seiner Leistungen. Zwar sind künstlerische Erkenntnisleistungen relativ: Alles, was unser Menschsein ausmacht, vollzieht sich im vergänglichen Individuum, das durch tausend biographische Zufälle geprägt ist, und nur dort. Aber eine gelungene Deutung, die hinter der aktuellen Wirklichkeit samt ihren Bedingtheiten die menschlichen Grundbedingungen erfasst, ist auch unter veränderten Verhältnissen noch von Interesse. Durch das Wunder der Schriftsprache kann sie zu anderen Individuen gelangen, sogar verlustfrei insofern, als der fixierte Text virtuell identisch ist. Und dass über gelungene Deutungen, nachdem der Tagesqualm sich verzogen hat (je länger, desto deutlicher), eine erstaunliche Einigkeit unter den Individuen verschiedener Zeiten und sogar Völker herrscht, ist eines der ermutigenden Phänomene unserer von Interessenkonflikten, Misstrauen und Machtansprüchen zersplitterten Menschheit.

Woran erkennt man Erkenntnis?

Textbestände, auf die Individuen verschiedener Zeiten und sogar Völker immer wieder mit Gewinn zurückgreifen, nennen wir den literarischen Kanon. Er wurde von niemandem zusammengestellt; seine Basis ist die lebendige Rezeption, also das Interesse vieler Lesergenerationen an bestimmten Werken, wobei jede Generation ihr Interesse anders begründen mag. Diese Wertbestätigung könnte man *empirische Langzeitprüfung* nennen. Aber ist sie wirklich das einzige Kriterium für Kunstwert, oder gibt es noch eins? Woran erkennt der Leser eines zeitgenössischen Werks, ob er eine gelungene Deutung vor sich hat? Woran überhaupt erkennt man Erkenntnis?

Grundsätzliche Schwierigkeit ist, dass das Erkenntnissystem Literatur unlösbar an die kurzlebige, höchst variable, widersprüchliche menschliche Individualität geknüpft ist, weshalb seine Modelle (insbesondere erzählerische) diese Individualität inhaltlich miteinbeziehen müssen. Ein bestimmtes Abstraktionsniveau kann daher nicht überschritten werden. Im Erkenntnissystem Mathematik gilt das Kriterium der Widerspruchsfreiheit, in der Physik der experimentelle Beweis. Diese beiden Kriterien scheiden beim Erzählen grundsätzlich aus.

Für mathematische wie physikalische Erkenntnis gibt es aber zwei weitere Kriterien, die der künstlerischen in faszinierender Weise entsprechen: 1.) Sie muss für Menschen verständlich sein. 2.) Sie muss ästhetisch überzeugend sein. Das erste bedeutet, dass sogar das scheinbar so abstrakte, objektive mathematische System, das nur Gesetze der materiellen Welt beschreibt, nicht aber menschliche Dinge, vom Menschen kommt und dem Menschen gilt. Das zweite: dass die Formeln für dieses abstrakte System ihre Richtigkeit auch durch *sinnliche Schönheit* beweisen.[12] Konkret: Je kürzer und eleganter ein mathematischer Beweis, desto überzeugender ist er. Der kreative Mathematiker wird immer bestrebt sein, für einen funktionierenden, aber umständlichen Beweis eine kürzere, einfachere Formel zu finden. Nicht nur das: Wenn bei einem Problem zwei brauchbare, aber nicht ganz fehlerfreie Zwischenlösungen vorliegen, werden Mathematiker wie Physiker den ästhetisch reizvolleren Ansatz verfolgen, weil er erfahrungsgemäß eher der richtige ist. Die ästhetischen Kriterien sind die gleichen wie in der Kunst: Eleganz, Klarheit, Proportion, Symmetrie, Ökonomie.

Auch in der Kunst zeigt sich Erkenntniskraft an ästhetischer Qualität, und auch hier hat auch der Erkenntnisakt für sich einen ästhetischen Effekt: Wir können Kunstwerke, sogar tragische, auch deshalb als schön empfinden, weil sie den vordergründig traurigen Stoff modellhaft von einer höheren Ebene aus beleuchten. Sie *sind* nicht der zerschmetterte tragische Held, sondern *zeigen* ihn. Sie erforschen die Gesetzmäßigkeit des Geschehens, werfen die zugrundeliegenden Fragen auf und erschüttern den Zuschauer oder Leser, wobei sie ihm idealerweise zu einem neuen, triftigen Blick auf sich selbst verhelfen[13]. Für alle Erkenntnisse, die technischen wie die menschlichen, aber gilt: Ohne innere Bewegung kommen sie nicht zustande; nicht einmal die bescheidensten unter ihnen. Hier kommt der Leser ins Spiel. Nicht jeden bewegt das gleiche. Nicht jeder sucht beim Lesen Erkenntnis. Wenn Literatur ihn ablenkt, beruhigt, vergnügt, hat sie einen praktischen Sinn. Und wenn die sogenannte gute Literatur ihn *nicht* bewegt, hat sie natürlich keinen Sinn. Das Problem kann beim Autor wie beim Leser liegen: Nicht jede angeblich gute Literatur hat wirklich Erkenntnis zu bieten. Und keine, nicht einmal die beste, Literatur löst zwingend bei jedermann Erkenntnis aus. Gute Literatur sollte zünden, emotional stimulieren, damit die in ihr enthaltene Erkenntnis auf die Leser überspringt. Aber die Leser müssen bereit und fähig sein, sich stimulieren zu lassen. Zu fragen wäre, was denn eigentlich am Ende erkannt werden soll und warum einem die Erkenntnis so schwer gemacht wird, zumal, einmal gefunden, sie so selbstverständlich wirkt, als sei sie immer schon in uns angelegt gewesen. Ich kann diese Fragen nur als Rätsel stehen lassen. Auch der Künstler selbst hat oft den Eindruck, er habe das Entscheidende »gefunden«, wenn ihm nach jahrelanger Schinderei einmal etwas gelungen ist. Man kann sogar sagen: Wenn er nicht den Eindruck hat, es »gefunden« zu haben, ist es in der Regel nicht gelungen. Bei den Naturwissenschaften beobachten wir Ähnliches: wenn etwa über Millionen Fehlversuche, über dreitausendjähriges Grübeln, Disputieren und Experimentieren eine Mathematik, eine Physik entstanden sind, die in so verblüffender Weise Phänomene des Kosmos beschreiben, als wäre der Kosmos nach ihnen erdacht.

Von hier aus noch einmal zurück zur Kunstwert-Langzeitprüfung. Sie wird durch unsere enorme Täuschbarkeit nötig. Erkenntnis ist ein individuelles *Erlebnis*, hat also mit Gefühl zu tun. Gefühl scheint ein höchst wackliges Kriterium zu sein und ist es auch; aber ein anderes haben wir nicht. Hauptproblem ist, dass jedes Individuum anders fühlt und daher strittig scheint, *wessen* Erkenntnis Gültigkeit hat. Selbst wenn wir das Urteil der Künstler bevorzugen, ergeben sich hohe Differenzen. Wenn wir die erweiterten Fachkreise, die Germanisten, Lektoren, Rezensenten und guten Vielleser, mit einbeziehen, ergeben sich sogar gewaltige Differenzen, insbesondere bei der Einschätzung der Gegenwartsproduktion; und wenn übrigens diese Differenzen fehlen, ist das besonders verdächtig. Nun können wir definieren, dass eine tiefe individuelle Erkenntnis, die zeit- und kulturübergreifend in möglichst vielen erkenntnisfähigen Individuen ein möglichst tiefes Echo findet, als Erkenntnisleistung beglaubigt sei. Aber auch das ist strittig, denn wer ist erkenntnisfähig, und was ist ein tiefes Echo? Auch hier geht es um Gefühl. Der einzige Beleg für diesen Ansatz ist die Erfahrung, dass so im Laufe der Jahrtausende viel erstklassige Kunst-Substanz zusammengetragen worden ist.

These

Meine These, zusammengefasst:

1. Sprache ist ein Erkenntnisinstrument.
2. Erzählen ist ein Erkenntnissystem.
3. Individuelles Erzählen ist ein Erkenntnisvorgang, auch wo uns das nicht bewusst ist.

4. Deshalb zeichnet die Sprache Leistungen *und* Fehlleistungen der Erzähler auf.
5. Deshalb können Leser auch aus Fehlleistungen Erkenntnisse über Autoren und deren Gegenstand gewinnen.
6. Deshalb können Schreibende auch aus eigenen Fehlleistungen Erkenntnisse über sich und ihren Gegenstand gewinnen.

Ich möchte kurz erklären, warum ich die Theorie, Erzählen diene vor allem dem Erzeugen von *Sinn*, nicht für ausreichend halte. Das Erzeugen von Sinn ist ein Nebenprodukt des Erzählens, ein Akt des Willens, nicht des Erkennens. Der Erzähler »gibt« der Geschichte einen Sinn, und wenn sie sich sträubt, pfropft er ihn ihr auf. Erkenntnis aber kann man weder konstruieren noch erzwingen.

Ich möchte im Folgenden zeigen, wie man mit dieser These arbeiten kann. Dafür habe ich drei erfolgreiche deutschsprachige Erzählungen unserer jüngeren Vergangenheit ausgesucht, wobei es mir nicht vornehmlich um Kunstwert ging, sondern um die erzählende Deutung der Wirklichkeit. Die gemeinte Wirklichkeit war jeweils eine hoch problematische, die das Deutungsvermögen der Erzähler aufs äußerste forderte. Wir werden beobachten, wie die Erkenntniskraft der Sprache sich sogar gegen starken seelischen Druck durchsetzt, im kunstlosen Bericht ebenso wie in der virtuos komponierten Erzählung.

Nebenbei können wir auch einiges über den Gegenstand dieser Werke lernen. Ich bin überzeugt, dass die Literatur einen wichtigen Beitrag zum Verständnis unserer Gegenwart leistet. Sie leistet diesen Beitrag auch, wo sie weniger gelungen ist. Jeder Versuch sagt etwas aus, denn all unsere Deutungsbemühungen und -verweigerungen sind in unseren Erzählungen protokolliert. Verweigerungen haben oft die bedeutsameren, weil ehrlicheren, Gründe und lassen wertvollere Rückschlüsse zu. Manchmal ist sogar nur über Fehlleistungen etwas zu erfassen, was für alle unverzichtbar war. Wir Leser müssen es nur ergreifen. Manchmal erfahren wir in den Büchern nicht das, was den Autoren vorschwebte, aber etwas noch Wichtigeres, das sie uns nur über einen Umweg zeigen konnten.

Alles steckt in der Sprache. Sie hat kein mystisches Leben außerhalb von uns: Sie ist eine entscheidende Funktion des Menschen. Wo sie wurzelt, ob in einem »Es«, »Überich«, »Gewissen«, einem egoistischen oder sozialen »Gen«, erklärt kein Konzept. Aber sie zeigt uns, wie wir sind. Das ist für mich das Faszinierende: diese nicht auszuschaltende und nicht zu berechnende Wahrheit der Sprache, die weder dem Mächtigen gehört, noch dem Markt, noch der Eitelkeit, noch der Selbstsucht; die bisher unsere einzige Chance zur Entwicklung war, wohin immer diese führen mag, und es weiterhin sein wird. Wir können hier beobachten, welche Wege sie sich durch unsere Verhängnisse, unseren Ehrgeiz, unsere Leiden, unsere Illusionen sucht.

II. Die Wahrheit ist immer konkret

»Um die allergröbste Mißdeutung auszuschließen«
Der Vater eines Mörders von Alfred Andersch

Der Vater eines Mörders war die letzte Erzählung von Alfred Andersch (1914-1980). Er starb kurz vor ihrem Erscheinen. Nicht nur deshalb wurde ihr eine vermächtnishafte Bedeutung zuerkannt: Auch ihr Thema rührte an deutsche Traumata, mit charakteristischen ästhetischen und rezeptiven Folgen. Sie wurde allein im deutschsprachigen Raum über 300.000 mal verkauft, in zehn Sprachen übersetzt, verfilmt, und ist immer noch Schullektüre.

Geschildert wird in Anderschs Erzählung eine Schulstunde im Jahr 1928 an einem Münchner Gymnasium. Unerwartet erscheint der Direktor, um eine Untertertia in Griechisch zu prüfen. Der Schüler Franz Kien, deutlich (und im Nachwort bestätigt) ein Alter Ego des Autors Andersch, fällt durch diese Prüfung und muss die Schule verlassen. Franz Kien hat vom Griechischen keine Ahnung, das wird berichtet. Hauptthema der Erzählung ist aber nicht das Versagen des Schülers, sondern das des Direktors, der als gemütlicher Sadist geschildert wird. Er ist der Titelheld der Erzählung.

Ich schlage vor, diese Erzählung einmal so anzusehen, als wüssten wir nichts über Autor, Erfolg und Umfeld. Wir betrachten einfach die Sätze.

Erste Sätze

Erster Satz:

Die Griechisch-Stunde sollte gerade beginnen, als die Türe des Klassenzimmers nocheinmal aufgemacht wurde.

Zweiter Satz:

Franz Kien schenkte dem Öffnen der Türe wenig Aufmerksamkeit; erst, als er wahrnahm, daß der Klassenlehrer, Studienrat Kandlbinder, irritiert, ja geradezu erschreckt aufstand, sich der Türe zuwandte und die zwei Stufen, die zu seinem Pult über der Klasse hinaufführten, herunter kam, - was er nie getan hätte, wenn es sich bei dem Eintretenden um niemand weiteres als einen verspäteten Schüler gehandelt hätte -, blickte auch er neugierig zur Türe hin, die sich vorne rechts befand, neben dem Podest, auf dem die Tafel stand.[14]

Die erste Seite ist die Visitenkarte des Autors; sie schlägt den Ton an und führt in die Welt des Werkes hinein. Gerade mit ersten Seiten geben sich Autoren besonders viel Mühe, weshalb es sich lohnt, hier genau zu lesen.

Der erste Satz liefert einen schnellen Einstieg und auch die entscheidenden Stichworte: Griechisch-Stunde, Klassenzimmer. »… sollte gerade beginnen« erzeugt Gegenwärtigkeit. Das umgangssprachliche Wort »aufgemacht« legt nahe, dass hier die Schülerperspektive gilt. Ein Franz Kien wird benannt, um den es offenbar gehen soll. Wir haben hier einen einfach und zweckmäßig strukturierten ersten Satz, der sinnvolle Informationen enthält.

Der zweite Satz ist komplizierter. Ein erschrockener Lehrer und ein Klassenzimmer werden beschrieben. Viele Details von sehr unterschiedlicher Wertigkeit werden geliefert, zum Beispiel, dass Studienrat Kandlbinder Klassenlehrer ist, dass sich die Türe des Klassenzimmers rechts befindet und dass vorne eine Tafel steht. Man wundert sich über diese Ausführlichkeit, denn jedes Klassenzimmer hat eine Tür und vorne eine Tafel. Es fällt deshalb auf, weil der Satz ein langsameres Lesetempo erzwingt. Ein langsames Lesetempo erhöht die Aufmerksamkeit. Ein Autor verlangsamt zum Beispiel das Tempo, um eine diffizile, möglicherweise artistische Periode einzuleiten oder bestimmte Details zu fokussieren. Was kann es hier sein? Wir erfahren, dass Klassenlehrer Kandlbinder »nie« erschrocken wäre, wenn »es sich bei dem Eintretenden um niemand weiteres als einen verspäteten Schüler gehandelt hätte« – eine eigentlich selbstverständliche Information, die zudem umständlich formuliert ist: »nie getan hätte, …wenn es sich bei dem Eintretenden um niemand weiteres als einen eintretenden Schüler gehandelt hätte« wirkt durch die Wiederholung von zwei Wörtern (»nie«, »hätte«) im gleichen Satz unelegant. Komplizierte Sätze mit schlichtem Inhalt fallen auf, so wie jemand auffällt, der einen halben Meter hoch springt, um eine Treppenstufe zu nehmen.

Wie wird Tempo verlangsamt? Der Satz überrascht durch den eher nicht in die Schülersphäre gehörigen Nominalstil (»schenkte dem Öffnen der Tür wenig Aufmerksamkeit« – drei Substantive) und setzt sich in einer Schachtelkonstruktion fort. Was passiert mit dem Rhythmus? Betrachten wir die Konstruktion: »Franz Kien schenkte dem Öffnen der Türe wenig Aufmerksamkeit *Semikolon* erst *Komma* als er wahrnahm *Komma* dass der Klassenlehrer *Komma* Studienrat Kandlbinder *Komma* irritiert *Komma* ja geradezu erschreckt aufstand *Komma* sich der Türe zuwandte und die zwei Stufen *Komma* die zu seinem Pult über der Klasse hinaufführten *Komma* herunter kam *Komma Gedankenstrich* was er nie getan hätte *Komma* wenn es sich bei dem Eintretenden um niemand weiteres als einen verspäteten Schüler gehandelt hätte *Gedankenstrich Komma* blickte auch er neugierig zur Türe hin *Komma* die sich vorne rechts befand *Komma* neben dem Podest *Komma* auf dem die Tafel stand *Punkt*.« Diese Periode im altertümlich-gymnasialen Schriftdeutsch erstaunt nach dem vorigen Satz im flotten Schüler-Ton. Sie erstaunt weiterhin, weil die Konstruktion im Widerspruch zur Intention des Satzes zu stehen scheint, nämlich Spannung zu erzeugen (»irritiert, ja geradezu erschreckt aufstand«). Widersprüche haben immer etwas zu bedeuten. Herauszufinden ist, ob sie beabsichtigt oder unbeabsichtigt sind.

Dieses Kurzprotokoll der Begegnung mit ersten Sätzen mag in seiner Ausführlichkeit übertrieben wirken. Tatsächlich registriert der erfahrene Leser all das ohne innezuhalten. Nichts anderes tut jeder von uns, wenn ihm im wirklichen Leben ein fremder Mensch eine lange Geschichte über unbekannte Leute zu erzählen beginnt. Natürlich fragen wir uns: Interessiert uns dieser Mensch? Können wir ihm glauben? Wenn er die Augen niederschlägt, schrill spricht oder nuschelt, fällt uns das auf. Es lässt vermuten, dass er mit seiner Geschichte Probleme hat. Wenn wir die Sache ergründen wollen, müssen wir ihn aufmerksam beobachten.

Erklärungen

Weitere Dinge fallen auf. In der Erzählung wird viel *erklärt*, teilweise in entbehrlich scheinenden Relativsätzen (»die Krankheit, *an der er litt,* hatte ihn verändert«, S.62), teilweise bei Handlungen. Manche Erklärungen werden mehrfach wiederholt, ohne dass sich dabei neue Aspekte ergäben.

Ein Beispiel: Franz fällt auf, dass der Direktor von »seiner« Untertertia spricht. »Weder Kandlbinder noch die Schüler schienen Anstoß daran zu nehmen, dass er [der Direktor] die Klasse mit dem besitzanzeigenden Fürwort bedachte.« (17) Nächster Satz: »Bin ich der Einzige, fragte Franz sich, dem es auffällt, dass er uns so anredet, als gehörten wir ihm?« (17f). Übernächster Satz: »Er nahm sich vor, wenn die Stunde zu Ende war, Hugo Aletter zu fragen, ob nicht auch er es eigentlich anmaßend fand, dass der Rex, bloß weil er Direktor der

Schule war, sich für berechtigt hielt, ihre Klasse als die seine zu bezeichnen.« (18)

Weiteres Beispiel: Ein junger adeliger Schüler sagt zum Direktor: »Ich bin ein Freiherr von Greiff, und Sie sind für mich überhaupt nichts als ein Herr Himmler!« (47) Sechs Seiten später: Greiff »hatte sich nicht darauf beschränkt, den Rex bei seinem Namen zu nennen, sondern ausdrücklich erklärt, er sei für ihn *nichts weiter* als dieser Name, Himmler…« (54), und noch eine Seite später spricht der Rex »das Urteil aus, das sicherlich schon festgestanden hatte, seitdem Konrad Greiff ihn als ›nichts weiter als einen Herrn Himmler‹ bezeichnet hatte.« (55)

Bei Gefühlsthemen mögen Wiederholungen begründet sein. Bei Informationen stören sie. Was mögen sie bedeuten? Kann es sein, dass der Autor übergenau sein wollte? Warum?

Innerer Monolog

Franz' Gedanken werden oft in inneren Monologen wiedergegeben. Drei Beispiele:

Wir sind doch schon bei den Lautveränderungen im Satz, und noch weiter hinten in der Grammatik, bei der Wortbildungslehre [denkt Franz]. (24)

[…] die Geige haben mir die Poschenrieders geschenkt, die hatten eine auf dem Speicher stehen. Mein Gott, haben die sich angestellt, als sie damit herausrückten, sie haben getan, als wäre die Fiedel ein Heiligtum, bloß weil ihr verstorbener Sohn darauf gespielt hat. (33)

Unlogisch, dache Franz, auch wenn wir ein richtiges Militär hätten, nicht bloß diese hunderttausend Mann Reichswehr, die uns die Engländer und Franzosen noch erlauben […] (45)

Formal sind die Merkmale des inneren Monologs (Selbstgespräche, Ich-Form, Gegenwart) gegeben, allerdings wird die Technik unzweckmäßig verwendet. Der innere Monolog kann, im Gegensatz zur objektivierenden Erzählung, Bewusstseinsströme, Assoziationen, Emotionen einfangen. Sein Gegenstand ist das unzensierte, unkontrollierte Seelenleben in Aktion. Er erzeugt intime Gegenwärtigkeit und ist ein diffiziles, artistisches Mittel, eine Haupterrungenschaft moderner Erzählkunst. In dieser Geschichte wird er jedoch verwendet, um Informationen unterzubringen. Das wirkt ungeschickt. Würde ein vierzehnjähriger Schüler unter Stress wirklich formulieren: »[...] die Geige haben mir die Poschenrieders geschenkt [...] Sie haben getan, als wäre die Fiedel ein Heiligtum, bloß weil ihr verstorbener Sohn darauf gespielt hat«? Wäre normale indirekte Rede (»Die Geige hatten ihm die Poschenrieders geschenkt«) nicht organischer gewesen?

Erzählperspektive

Die Perspektive ist sozusagen die Erlebnis-Achse, das Rückgrat des Buchs.

Andersch wählt für seine Erzählung die Schülerperspektive. Schon im ersten Satz wird dieser Ton angeschlagen, und nichts spräche dagegen, ihn bis zum Schluss beizubehalten. Dann tauchen aber auktoriale Einschübe auf, also Informationen, die nur ein allwissender Erzähler haben kann:

[Franz] ahnte nicht, daß er nach dieser Stunde zu keinen Späßen irgendwelcher Art mehr aufgelegt sein würde. (28)

[...] sagte der Rex, von des Ordinarius Buch aufblickend, mit nichts als zwei gaumig dunklen oder eher durch die Nase ausgestoßenen A's seine vorher so großmütig gewährte Erlaubnis widerrufend. (28)

Unnötige Perspektivwechsel stören die Konsistenz der Erzählung. Ein interessantes Phänomen: Von der Komposition nicht gedeckte Verstöße gegen diese Konsistenz neigen zum Wuchern. So auch hier: Unerwartet taucht jetzt auch noch die Perspektive des Direktors auf. Der zitiert etwas,

> *wobei er sich Mühe gab, ein höhnisches Lachen zu unterdrücken.* (34)

> *Wider seinen Willen hatte er sich von Verachtung in Empörung gesteigert.* (93)

Gelegentlich lässt sich der auktoriale Erzähler zu scharfem Kommentar hinreißen:

> *Dort oben, hinter dem Pult wie auf einem Anstand, saß jetzt ein Jäger, auf einer Pirsch in den Unterricht, dick, ungemütlich, einer von der feisten Sorte der Revierbesitzer und Scharfschützen.* (36)

> *Und er wies Franz mit nach oben gewendeter Handfläche, wie liebenswürdig einladend, in Wirklichkeit aber bösartig, unerbittlich, zur Tafel hin.* (76)

Einsatz von Schülerjargon soll Franz' Perspektive wieder herstellen, aber sogar innerhalb einzelner Sätze finden sich Brüche:

> *Entweder hat er einen größeren Gehirnkasten als die übrigen Lehrer, Kandlbinder zum Beispiel, oder er war ganz einfach ein bißchen plemm-plemm.* (65)

So viele Perspektivfehler in einer einfachen personalen Erzählung sind selten, und es ist kaum möglich, sie nicht für symptomatisch zu halten.

Zwischendiagnose

Der Autor wollte offenbar unbedingt Authentizität erzeugen. Er griff hierfür zu den bewährten Mitteln 1.) Detailgenauigkeit, 2.) Erklärungen, 3.) Vergegenwärtigung. Aber er schoss in jeder dieser Techniken übers Ziel hinaus. Authentizität bedeutet, er wollte glaubwürdig sein. Nun kann man sich fragen: Warum hätte er befürchten sollen, *nicht* glaubwürdig zu sein? Weiter fiel auf, dass ihm einige Malheurs mit der Erzählperspektive widerfuhren. Weshalb hielt er sich nicht an seinen Franz Kien?

Handlung

Die beiden Hauptfiguren haben wir inzwischen kennengelernt. Schüler Franz ist ein Träumer, der unter der Schulbank Karl May liest. Er steht bereits in zwei Fächern auf Fünf und hat für Griechisch noch nichts getan. Politik interessiert ihn nicht, aber ein bisschen was kriegt er doch mit; zum Beispiel hat er Fotos von Hitler gesehen. »Hitler hatte ein Gesicht, das ihn nicht interessierte. Er sah blöd und mittelmäßig aus.« (71) Zu Hause hat Franz es schwer: Seine Eltern sind arm. Der Vater ist im (ersten) Weltkrieg schwer verwundet worden und arbeitsunfähig, er siecht im Wohnzimmer auf dem Sofa dahin.

Der Schuldirektor ist ein dicker, scheinbar jovialer, auf seine Autorität bedachter, etwas spöttischer Mann, von dem wir erfahren, dass er das Militär liebt, sonntags in die Kirche geht und mit seinem Sohn, einem Hitler-Anhänger, »tödlich verfeindet« (60) ist. Franz kann den Alten nicht leiden. Zwei Drittel der Erzählung sehen wir mit seinen Augen dem Direktor zu, wie der sich wichtig macht, den Klassenlehrer einschüchtert, zwei Schüler prüft und mit einem jungen Adeligen streitet. Dann ruft er Franz auf und examiniert ihn in Grund und Boden.

»Was schlagen Sie vor, Herr Doktor?« (115) fragt er den Klassenlehrer, nachdem er Franz auf seinen Platz zurückgeschickt hat. »Nachhilfestunden sind teuer […] Sein Vater kann sie nicht bezahlen. Denken Sie doch daran, dass er nichteinmal das Schuldgeld aufbringen kann. Wir haben Kien auf Bitten seines Vaters Schulgeldbefreiung gewährt.« (116) »Die Befreiung vom Schulgeld darf nur hervorragenden Schülern gewährt werden. Ich habe geglaubt, für den Sohn eines mit hohen Tapferkeitsorden dekorierten Offiziers, der wahrscheinlich unverschuldet in wirtschaftliche Bedrängnis geraten ist, […] eine Ausnahme machen zu können. Und wie lohnt er es der Schule und seinem armen Vater?« (117f) Auch Franz' Bruder steht auf der Abschussliste, erfahren wir: »Bloß mit einer netten Handschrift – damit schafft er das Einjährige nie. Dafür werde ich sorgen.« (120) Zuletzt erkundigt sich der Direktor »scheinheilig« (120) nach Franz' krankem Vater, um zu kommentieren: »Oh,… das tut mir leid. Da wird es ihn nicht freuen, daß seine Söhne zur Ausbildung an höheren Schulen nicht geeignet sind.« (121)

Ist es plausibel, dass ein Pädagoge in dieser Weise den kranken Vater eines Schülers verhöhnt (»wahrscheinlich unverschuldet in wirtschaftliche Bedrängnis geraten«)? Dass ein autoritätsbewusster Mann sein Vorgehen vor der Klasse rechtfertigt (»Denken Sie doch daran, daß…«)? Dass er als national und militärisch gesonnener Mensch (»Es ist ein Jammer, daß wir in Deutschland kein Militär mehr haben dürfen…«, 45) geradezu rachsüchtig die Söhne eines mit Tapferkeitsorden dekorierten Kriegsversehrten verfolgt (»Dafür werde ich sorgen«)?

Zuletzt wird beschrieben, wie der frisch relegierte Franz nach Hause zurückkehrt. Dort wartet auf den Leser als literarische Überraschung eine starke, beklemmende Szene.

Vater Kien nimmt sich »merkwürdigerweise« (121) die schlechte Nachricht nicht so zu Herzen, wie Franz befürchtet hat.

Vielleicht blieb Vater so still, weil er sich bereits auf das Sofa gelegt hatte, nach dem Abendessen, damals hatte er schon angefangen, sich Morphium zu spritzen, mit Erlaubnis der Ärzte vom Schwabinger Krankenhaus, gegen die Schmerzen im rechten Fuß, gegen den Brand an den Zehen, sie sollten bald amputiert werden, die große Zehe seines rechten Fußes war schon schwarz geworden, bleich lag sein Vater auf dem Sofa, schon lange ja war er kein feuriger Mann mehr, mit einem zu hitzigen Farben neigenden Gesicht unter schwarzen Haaren. (121f)

Franz' Bruder Karl stochert auf dem Klavier ein Impromptu von Schubert,

> *ohne es richtig zustandezubringen, aber Franz fand die Musik trotzdem schön; in eine Pause hinein sagte sein Vater: »Daß er sich nach meinem Befinden erkundigt hat – das hat er nur getan, weil ich das EK eins habe.«* (122f)

Das ist in einem ganz anderen Ton geschrieben, flüssig, atmosphärisch dicht, anschaulich, lebendig: die Ratlosigkeit der Buben, das gestümperte Schubert-Impromptu nach der Katastrophe, der sieche Vater, der noch immer stolz ist auf sein EK eins. Das schrieb ein guter Autor. Man fragt sich, was vorher schiefging.

Vorläufiges Resultat einer Begegnung

Epische Lektüre sei wie die Begegnung mit einem unbekannten Menschen, der uns eine lange Geschichte über wildfremde Leute erzählt, habe ich oben gesagt. Wie wäre es uns im wirklichen Leben mit diesem Mann ergangen? Manches an seinem Vortrag wäre uns suspekt erschienen, aber wir hätten vielleicht zugehört. Natürlich wären unsere eigenen Schulerfahrungen in unsere Reaktion eingeflossen. Dann ist die Erzählung zu Ende. Dass der Erzähler damit Probleme hatte, fiel auf; welche, ging aus der Geschichte nicht hervor. Wahrscheinlich bedeutet das, dass der Erzähler die Probleme nicht gelöst hat und mit sich nehmen wird. Für uns bedeutet es nichts. Wie es wirklich war, können wir nicht prüfen, und sofern der Mann mit der Geschichte keine Forderung verknüpft hat, spielt es auch keine Rolle. Wahrscheinlich wird man die Geschichte vergessen, weil sie nicht funktionierte.

Das gilt erst recht für die Literatur. Dokumentar-Wirklichkeit ist kein künstlerisches Kriterium. Schriftsteller, die auf Kritik antworten: »So war es aber wirklich!«, ernten Gelächter. Ein literarisches Werk kann ohne jede Wahrscheinlichkeit funktionieren, wie ein Traum. Auf den inneren Zusammenhang kommt es an. Eine gelungene Deutung funktioniert in den entscheidenden Passagen immer auch ästhetisch. Entsprechend weisen ästhetische Probleme bei einem professionellen Erzähler immer auf Deutungsprobleme hin. Bei Anderschs Erzählung schloss ich auf ein Problem mit der Wirklichkeit, weil das Bemühen des Erzählers um Authentizität – also erlebte Wirklichkeit – am deutlichsten missglückt ist.

Ein letztes Mal zurück zu unserem unbekannten mündlichen Erzähler. Wir würden die Geschichte wohl vergessen, schrieb ich. Nun füge ich hinzu: Es sei denn, der Mann hätte uns vorher gesagt, *warum* er das erzählt. »Stellt euch vor, mein Schuldirektor war der Vater des Obernazis Himmler!« Das hätte dem Erzähler besondere Aufmerksamkeit verschafft, schon wegen der grausigen Prominenz des Gegenstandes. Und so etwa wirkt der Titel von Anderschs Geschichte: *Der Vater eines Mörders.*

Der Titel der Erzählung

Schuldirektor Himmler war tatsächlich Vater des SS-Führers Heinrich Himmler, der als Hauptverantwortlicher für den Holocaust in die Geschichte einging[15]. Franz Kien konnte das 1928 noch nicht wissen. Aber dass der historische Heinrich

Himmler (damals vorerst nur ein »Hitler-Anhänger«, 60) gemeint ist, wird ausdrücklich gesagt.

Der Direktor wird also im Gegensatz zum Schüler bei seinem Klarnamen genannt. Der publizistische Effekt dieser Maßnahme war enorm. Ich halte aber für möglich, dass es auch die Ursache für die künstlerischen Probleme war.

Warum? Der Klarname verlangt vom Erzähler eine Genauigkeit und Gerechtigkeit, die von einem Einzelbeobachter, gar einem so abhängigen, kaum zu leisten ist. Unter einer einzigen Prämisse hätte das funktioniert: als Zeugenaussage. Dann hätte aber auch der Schüler sich im eigenen Namen zu seiner Erfahrung bekennen müssen. Das tat er nicht. Der Ankläger versteckt sich, während er den Angeklagten bloßstellt. Zusätzlich dämonisiert er den Angeklagten, indem er ihn mit den Morden seines Sohnes behaftet. Es ist psychologisch interessant, dass die Erzählung ausgerechnet in Bloßstellung und Sippenverfolgung gipfelt, wobei dort der Bloßsteller und Verfolger Direktor Himmler ist.

Der historische Direktor Himmler war 1936 gestorben. Zeitgenossen aber lebten 1980 noch und meldeten sich zu Wort. Rechtsanwalt Dr. Otto Gritschneder, ein Klassenkamerad von Alfred Andersch, schrieb an die *Süddeutsche Zeitung*, Direktor Himmler habe niemals »dem Klaßleiter den Unterricht aus der Hand genommen«, auch sei ein Rauswurf aus der Schule nach einer solchen Prüfung »schon aus schulrechtlichen Gründen« unmöglich gewesen. »Alfred Andersch ist vielmehr… ganz normal durchgefallen, wegen dreier Fünfer, in Latein, Griechisch und Mathematik.«[16] Sein Abschlusszeugnis hat sich erhalten. Für eine Examinierungs-Szene zwischen Direktor Himmler und Alfred Andersch fand sich kein Zeuge.

Anderschs Erinnerung kann getrogen haben, so wie unser aller Erinnerung trügt. Das ist normal: Etwas passiert und löst bei uns Gefühle aus, und später rekonstruieren wir das Geschehene anhand unserer Gefühle. Es hat mit Gedächtnismanagement zu tun: Wir können nicht alles speichern. Die Auswahl zwischen zu Merkendem und zu Vergessendem wird gefühlsmäßig getroffen. Je länger ein Ereignis zurückliegt, desto unklarer und schematischer wird die Erinnerung. Oft wird sie sogar durch gesellschaftliche oder literarische Muster ersetzt. Es kann also sein, dass Andersch, als er nach fünfzig Jahren seine Schulgeschichte verfasste, sie genau so imaginierte, wie es dasteht.

Nun ist meine These, dass *etwas in ihm* die Sache – ihren Ablauf oder ihre Bedeutung – trotz allem anders aufgenommen hat und deshalb in seine Erzählung deutliche, ästhetisch fatale Zeichen der Unwahrheit oder des Irrtums streute.

»Nachwort für Leser«

Für diese These spricht, dass der Autor schwerkrank dem beendeten Manuskript noch ein seltsam gequältes »Nachwort für Leser« hinzufügte. Die Verwirrung wird dort nicht aufgehoben, sondern setzt sich bis in einzelne Formulierungen hinein fort. Einige Beispiele.

»Ich (…) erkläre mit aller Bestimmtheit, daß ich diese Geschichte aus meiner Jugend niemals erzählt hätte, wüßte ich genau zu sagen, daß und wie der Unmensch und der Schulmann miteinander zusammenhängen.« (135) *Dass* sie zusammenhängen, wusste er. *Wie* sie zusammenhängen, konnte er nicht wissen. Indem er die Dämonie des Sohnes auf den Vater übertrug, hat er allerdings den Zusammenhang suggeriert, den er hier von sich weist.

»Schützt Humanismus denn vor gar nichts? Die Frage ist geeignet, einen in Verzweiflung zu stürzen.« (136) Sie ist wirklich geeignet, einen in Verzweiflung zu stürzen, aber sie wird in der Erzählung nicht gestellt. Direktor Himmler ist kein Humanist, sondern ein Sadist, der Griechisch kann, und bereits der junge Franz Kien erliegt keine Sekunde der Versuchung, in ihm etwas anderes zu sehen (»Nicht für viel Geld möchte ich dem sein Sohn sein«, 64).

Andersch erklärt, dass er mit Kien identisch sei. Aber: »Die Form selbst ist es, die mich nicht geradezu zwingt, mir aber doch rät, mich Franz Kiens zu bedienen. Er gestattet mir eine gewisse Freiheit des Erzählens, die das Ich, diese tyrannische Form der Beugung des Tätigkeitsworts, nicht zuläßt.« (131) Die gewisse Freiheit des Erzählens wird erklärt: Der Autor habe einiges in die Geschichte eingebaut, das sich »bei anderer Gelegenheit« (132) abgespielt habe. Als Beispiel nennt er den Disput Himmlers mit dem arroganten Jung-Adligen Greiff. »Würde ich behauptet haben, den Fall […] selbst erlebt zu haben, so hätte ich – nun, nicht gerade gelogen, aber doch ge-flunkert.« (135) Das stimmt. Aber die Freiheit des Erzählens hat er, sowie er seinem Helden einen anderen Namen gibt, ganz gleich, ob er in der ersten oder in der dritten Person schreibt. Was mag da die »tyrannische Form der Beugung des Tätigkeitsworts« bedeuten?

Folgendermaßen begründet er weiter die Erfindung des Franz Kien: »Das Wittelsbacher Gymnasium im Jahre 1928 wird in seiner Erzählung durchsichtiger als im strengen Ich der absoluten Autobiographie.« Inwiefern? Nächster Satz: »Die Form der Erzählung verhält sich gespannt zu dem Geist der Lebensbeschreibung.« (135) Wirklich? Warum sollte sie das tun?

»Dieses Fragment eines Kommentars wird überhaupt nur hergezeigt, um die allergröbste Mißdeutung auszuschließen: niemand soll denken können, ich habe mit *Der Vater eines Mörders* die Sippe der Himmlers behaftet, auch wenn Franz Kien dies in einem gewissen Sinne tut, indem er für den Sohn, - den er nicht kennt -, Verständnis aufbringt, gegen den Vater, der ihm tief unsympathisch ist.« (135f) Unbegründete Selbst-aussagen sowie Absichtserklärungen mit moralischer Implika-tion sind immer heikel. Hätte Franz' Perspektive von 1928 gelten sollen, hätte der »Mörder« im Titel nicht erwähnt wer-den dürfen. So wird die Sippe der Himmlers sehr wohl behaf-tet. Der Autor will nur nichts dafür können.

Der Autor

Alfred Andersch wurde 1914 in München geboren. Er verließ 1928 das Gymnasium nach der Untertertia und absolvierte eine Buchhändlerlehre, danach fand er wie fünfeinhalb Millionen andere Bürger der Weimarer Republik keine Arbeit und engagierte sich in der Kommunistischen Partei. 1933 wurde er als Organisationsleiter des Kommunistischen Jugendverbandes von Südbayern verhaftet und verbrachte sechs Wochen im KZ Dachau. Anschließend trennte er sich von der KP und »antwortete auf den totalen Staat mit der totalen Introversion«[17]. 1933-43 arbeitete er als Industrieangestellter, Werbetexter und Büroangestellter in München, Hamburg und Frankfurt, in dieser Zeit begann er auch zu schreiben. Zweimal wurde er in die Wehrmacht eingezogen: das erste Mal 1940 – er diente vorübergehend als Besatzungssoldat in Frankreich –, dann noch einmal 1943. 1944 in Italien desertierte er zu den Amerikanern. Nach der Rückkehr aus der Kriegsgefangenschaft hielt er seine berühmt gewordene programmatische Rede »Deutsche Literatur in der Entscheidung«, in der er die junge Generation aufforderte, »in einem originalen Schöpfungsakt eine Erneuerung des deutschen geistigen Lebens zu vollbringen.«[18] Er gehörte zu den Gründern der Gruppe 47, von der er sich in den 50ern distanzierte, als sie seiner Meinung nach zu marktbewusst wurde. 1958 ließ er sich als freier Schriftsteller in Berzona im Tessin nieder, wo er auch starb. In mehreren Romanen (u.a. *Die Kirschen der Freiheit* 1952, *Sansibar oder der letzte Grund* 1957, *Winterspelt* 1974) behandelte er moralische Konflikte einzelner Menschen in Krieg und Nazireich. Das »Dritte Reich« war das Thema seines Lebens. Dabei war sein Ansatz künstlerisch, nicht parteipolitisch. »Realistische Literatur ist Literatur aus Wahrheitsliebe; die Wahrheit aber spricht immer für sich selbst, sie hat keine Tendenz und keine Predigt nötig«, schrieb er. Und: »Das Chaos ist die Ursubstanz der Freiheit – wer vor dem Chaos Angst hat, soll nicht auf Freiheitssuche gehen.«[19] Der Kampf um Unabhängigkeit ist in seiner Prosa immer spürbar. Dass er im *Vater eines Mörders* der Chaosangst Tribut zollte, sehe ich als Ausdruck einer schweren psychischen Bedrängnis.

Eine psychologische Diskussion

Gestörte Ästhetik in einem literarischen Werk lässt auf mindestens ein darin enthaltenes Thema von hoher persönlicher Brisanz schließen, wobei dem Autor Grad und Bedeutung dieser Brisanz nicht bewusst sind. Wären sie es, würden sie die Ästhetik nicht stören.

Im Vordergrund der Andersch-Erzählung steht das Thema Schule. Was mag dort das Problem gewesen sein? Wenn die Grundsubstanz der Geschichte das konkrete Leiden am autoritären wilhelminischen Gymnasium war, das Hauptthema Schulversagen, warum hat der Autor es nicht so hingeschrieben? Alles war schlimm genug: der sterbende Vater, die drohende Armut, mangelnde Unterstützung, Ungewissheit über die eigene Bestimmung, eine pädagogisch rohe Schultradition – jeder hätte den Schüler verstanden. Auch handwerklich hätte es funktioniert: Der Autor hätte ohne weiteres in der Ich-Form erzählen können. Es hätte kein Perspektivproblem gegeben und kein Glaubwürdigkeitsproblem. Auch sachliche Fehler und Verzerrungen wären verständlich gewesen, denn wenn irgendwer das Recht auf Subjektivität hat, dann ein verzweifelter halbwüchsiger Schüler.

Warum hat Andersch das nicht gewollt? Hat er sein Schulversagen als so arge Niederlage erlebt, dass die unverstellte Beschreibung ihn noch fünfzig Jahre später schreckte? So unnötig das im Nachhinein erscheinen mag, so normal ist es leider auch. Jedenfalls hat der Autor das empfundene Ungemach in einer Kunstfigur, einem bösen Schuldirektor, gebündelt. Was er sich von der Figur versprach, können wir nicht wissen. Wir können aber überlegen, was dieser Rex bewirkt.

Psychologisch wird der Schüler durch ihn scheinbar entlastet. Wer einem übermächtigen Sadisten in die Hände fällt, ist kein Versager, sondern ein Opfer.

So kann es weitergegangen sein: Die Gestaltung dieser Rex-Figur führte nicht zu der Wirklichkeit, die bewältigt werden sollte, hin, sondern von ihr weg. Der Kunst-Rex ist unangenehm und destruktiv, offenbar schlimmer als der Original-Rex (bzw. das, was Andersch von ihm kannte). Es könnte die charakteristische Folge eingetreten sein, dass der Autor sich doch nicht entlastet fühlte, da die Entlastung ja dem vom Rex terrorisierten Franz und nicht ihm, Alfred Andersch, galt. Nun musste er entweder die Beschuldigung zurücknehmen oder verstärken. Er entschied sich für letzteres und machte den Bösen noch böser, vom Sadisten zum Dämon[20], zum Vater eines Mörders. Der historische Zufall mag dem Autor zu Hilfe gekommen sein. So wurde eine Brücke von der Schule zum Faschismus geschlagen, die Schulkatastrophe mit der Nazikatastrophe kurzgeschlossen. Andersch muss das nicht vorsätzlich geplant haben, aber es wurde so verstanden: «Solche Schuldirektoren bringen Nazimörder und Naziregimes hervor.« Die Himmlers waren schuld.

Auch der umgekehrte Kurzschluss ist denkbar, und hier sind wir bei einem weiteren Thema von hoher persönlicher Brisanz: dem »Dritten Reich«. Es kann sein, dass der Autor vom Nazi-Trauma gewissermaßen rückwirkend auf seine Schulzeit geschlossen hat, um eine Gesamt-Unschuld für sich annehmen zu können. (»Das Unbewußte ist überhaupt zeitlos«, schrieb Sigmund Freud.[21]) Die Verknüpfung der Themen ist jedenfalls auffällig. Ich schließe daraus, dass ohne das Nazi-Trauma diese Erzählung nicht entstanden wäre.

Worin mag dieses Trauma bestanden haben? Andersch erlebte den Faschismus als brutal und unwürdig, doch natürlich versuchte er, darin zurechtzukommen und sich zu entwickeln. Später machte er sich schwere Vorwürfe. Dass er zum Beispiel einmal in einer Masse »Heil!« geschrieen hatte, als Hitler an ihm vorüber fuhr; dass er 1936 eine Möglichkeit zur Emigration ausgeschlagen hatte[22]; dass er sich vorübergehend von Hitlers Erfolgen hatte blenden lassen (»Jedesmal, wenn ich daran denke, spucke ich innerlich vor mir aus«[23]); dass er sich 1943 von seiner halbjüdischen Frau Angelika scheiden ließ[24], um Mitglied der Reichsschrifttumskammer werden zu können, was die Voraussetzung für eine Schriftstellerkarriere war[25]; dass er 1944 einige Erzählungen in der *Kölnischen Zeitung* publizierte[26]. Nie mehr erwähnt hat er, dass er 1944 in amerikanischer Kriegsgefangener den Antrag auf Herausgabe seiner beschlagnahmten Papiere mit dem Hinweis begründete, er sei »bis jetzt« wegen der jüdischen Abstammung seiner Frau von den Nazis am Schreiben gehindert worden[27], eine allerdings beschämende Sache: Er suchte seinen Vorteil ausgerechnet unter Berufung auf seine Loyalität zu der Frau, die er im Stich gelassen hatte. Totalitäre Systeme mischen sich immer ins Privatleben der Menschen ein, weil der Mensch dort am zuverlässigsten erpressbar ist. Der Erpresste verliert seine Integrität und macht sich zusätzlich schuldig, weil in verbrecherischen Staatssystemen jede Durchschnittssünde, sogar jede durchschnittliche private Tat zur Mitwirkung an den Kapitalverbrechen dieses Staates werden kann.

Scham und Schuldgefühle sind niemandem vorzuwerfen; sie sind Bausteine des Gewissens und damit jeder Kultur. Gefährlich werden sie, wenn sie, weil als unerträglich empfunden, unterdrückt werden. Ich vermute, dass es sich bei Andersch so verhielt; wobei die Unerträglichkeit seines Komplexes mindestens zum Teil mit der historischen Katastrophe zu tun hatte. Uneingestandene Scham und Schuldgefühle haben die Tendenz, im Unterbewusstsein zu wuchern; vielleicht sind sie sogar die hartnäckigsten Gefühle, die es gibt. Fritz J. Raddatz berichtet, dass Andersch, »dieser gutaussehende Mann, zu Zeiten König des Literaturbetriebs, oft, allzu oft morgens beim Rasieren vor dem Spiegel stand und schrie: ›Ich hasse mich, hasse, hasse, hasse mich!‹«[28] Er kämpfe, schrieb Andersch einem Freund im Jahr vor seinem Tod, »mit der Krankenkasse [...], die mir ungeheure Beträge schuldet, mit Steuerproblemen und ähnlichem Scheißdreck. Mit meinem Unterbewußtsein. Ich habe Anfälle von Gereiztheit, Unfähigkeit, mich zu konzentrieren, Verlust von Erinnerungen … Wir sind alle krank, weil wir in einer grauenerregenden Zeit leben. Wer ›gesund‹ ist, ist mir verdächtig.«[29]

Der *Vater eines Mörders* ist, denke ich, vor allem als Tragödie eines ehrgeizigen Moralisten zu lesen: als ästhetisch verunglückter, subjektiv aber verzweifelt notwendiger Versuch, sich durch Schuldzuweisung an einen Anderen von einer als übermäßig empfundenen Beschämung freizusprechen; somit als qualvoller Ausdruck dieser übermäßigen Beschämung.

Erste Rezensionen

Die Kritiker bedachten 1980 das Buch mit einhelligem Lob.

> »Eine herausfordernd authentische Erzählung, eine deutsche Erzählung. Eine Schulgeschichte, die den Lesern noch immer etwas über sich selbst sagt. Weil sie etwas sagt darüber, wie es zu Hitler und Himmler kommen konnte.« *Hessischer Rundfunk*[30]

> »Eine persönliche Geschichte, die dennoch von unser aller Vergangenheit handelt, ein erzählerisch raffiniertes Miniaturdrama auf engstem Raum und in kürzester Zeit…« *Lesezeichen*[31]

> »Ein äußerst konzentriertes, kunstvolles, fesselndes Prosa-Meisterstück« – *Der Spiegel*[32]

> »Ein meisterhafter Text, ein konzentriertes, dramatisches, spannendes Prosa-Stück« – *Süddeutsche Zeitung*[33]

Die Trefferquote ist niedrig: Ich nehme an, dass die Rezensenten 1980 vor allem auf außerliterarische Reize reagiert haben.

Der Tod des Autors kurz vor Erscheinen des Buches wird, verständlich genug, einer davon gewesen sein. Und sicherlich das deutsche Schuldbewusstsein beim Thema Nationalsozialismus. In dieser Erregung wurde auf eine ästhetische Diskussion verzichtet. Interessant dabei ist nicht, dass Emotionen den diagnostischen Blick trüben (was wohl niemanden erstaunen kann), sondern wie deutlich sich das sprachlich niederschlägt. Auch in der Rezensenten-Sprache ist die Wahrheit wirksam.

Wo zeigt sie sich?

– In fehlender literarischer Argumentation. Zitiert wird nur, um die Handlung nachzuerzählen. Eine ästhetische Untersuchung bleibt aus.
– Im Ausweichen auf außerliterarische Bezüge. Die Meriten des Autors, das wilhelminische Gymnasium, Macht und Ohnmacht der Erinnerung, Hitler und Himmler werden erörtert.
– In unbegründeten, dafür besonders heftigen Werturteilen,
– In pathetischem Ton,
– Im Gebrauch von Superlativen (»auf engstem Raum«, in »kürzester Zeit«),
– In der Berufung auf Mehrheiten (»unser aller Vergangenheit«),
– Im Verweis auf Erfolg (Leserzahlen, andere gute Besprechungen),
– In unbegründeten Selbstaussagen.

Zu letzterem ein charakteristisches Beispiel.

> »Die ungewöhnlich starke Resonanz […] ist keineswegs ein Produkt der Pietät, keineswegs eine Art Danksagung kurz nach dem Tod eines bedeutenden Schriftstellers, der die Geschichte der Literatur in der Bundesrepublik vielseitig beeinflußt hat […]« *Hessischer Rundfunk*[34]

Wie erkennt der Leser, dass die Verneinung fadenscheinig ist? Ganz einfach, indem er sie wörtlich nimmt. Warum soll die Resonanz *keineswegs* eine Art Danksagung sein? Was spräche dagegen?

Gründe für eine Rezeption

Die Rezensenten von 1980 lasen den *Vater eines Mörders* als Lehrstück über die Genese des Nationalsozialismus aus dem Geist des wilhelminischen Gymnasiums. Sie nahmen die Intention des Autors für ästhetische Qualität, ohne sich den Text genauer anzusehen, wobei ich aus einigen pathetischen und ungenauen Wendungen schließe, dass sie die Mängel des Textes gespürt, aber sich nicht bewusst gemacht haben. Wahrscheinlich kam ihnen die Intention des Autors entgegen.

Eine missglückte Deutung ist Resultat eines gestörten Erkenntnisvorgangs. Wenn ein Zuhörer oder Leser schwere Erkenntnisstörungen in einem Text übersieht, ist er möglicherweise selbst von ähnlichen Störungen betroffen. Und wenn so viele Empfänger einer Deutung so schwerwiegende Störungen übersehen, wie das hier der Fall war, könnte eine allgemeine, historisch bedingte Irritation zugrunde liegen.

Das ist zunächst weder schlimm noch verwunderlich: Zeitgenossenschaft bedeutet ähnliche Erfahrungen, also auch ähnliche Ängste und Traumata. Normalerweise ändern sich mit den Jahren die Leser, und wie die fixierte, also unveränderte Deutung unter neuen Verhältnissen besteht, ist der erste Vergänglichkeitstest. Daraus, wie sich die Rezeption eines Werks verändert, kann man andererseits auf die Entwicklung des Publikums schließen. Beim *Vater eines Mörders* hat sich überraschenderweise die Lesart in fünfundzwanzig Jahren kaum geändert. Und das ist nun doch auffällig.

Wahrscheinlich spielt in diesem Fall auch die Attraktivität der falschen Lösung eine Rolle: Die Fabel vom bösen Direktor entlastete scheinbar vom Vorwurf schweren Versagens. Es war eine Not-Deutung, die den Autor in seiner Bedrängnis gerettet haben mag, und sie mochte die Leser in ähnlicher Bedrängnis erleichtern. Ich spreche jetzt vom Versagen und der Schuld der Deutschen während des »Dritten Reichs«. Mit Andersch konnte man die Perspektive des schuldlos schuldig gewordenen Opfers leichter übernehmen, weil Andersch nun wirklich von seinen deutschen Altersgenossen einer der am wenigsten Schuldigen war: Er hatte schließlich die Machtergreifung der Nazis sogar zu verhindern versucht und im KZ gesessen. Seine unterschwellig im Text vermittelte Qual mag die Qual aller ausgedrückt haben, die gern etwas weniger schuldig gewesen wären. Und seine Notfabel mag alle beruhigt haben, denen die Katastrophe unerklärlich blieb. Allerdings perpetuiert eine falsche Lösung die zugrundeliegende Problematik. Wenn wir uns heute immer noch auf den bösen Direktor herausreden, bleiben wir in der Rolle derjenigen, die sich mit schlechtem Gewissen eine fadenscheinige Unschuld borgen.

Kein Vorwurf an Andersch. Es ist für Nachgeborene unmöglich zu sagen, was einer hätte besser machen können: Es ist schon für uns selbst schwer genug, etwas halbwegs gut zu machen, und vor einer Prüfung durch Diktatur und Krieg bewahre uns das Schicksal. Ebensowenig können Nachgeborene sagen, wie einer seine Erfahrungen hätte deuten sollen. Wir können höchstens seine Deutung betrachten und uns über seine Sprache aus größerer Distanz den Erkenntnissen annähern, die er dämonisierend und bagatellisierend vermieden hat. Sie wahrzunehmen und die richtigen Folgerungen zu ziehen, wäre die Aufgabe.

»Die Mitschüler erschwerten mir den Alltag«
Mein Leben von Marcel Reich-Ranicki

Marcel Reich-Ranicki wurde 1920 in Wloclawek an der Weichsel geboren und zog 1928 mit seinen Eltern nach Berlin, wo er das Gymnasium besuchte. Nach dem Abitur 1938 wurde er nach Polen deportiert; er überlebte das Warschauer Getto nur zufällig, nach einer dramatischen Flucht, mit viel Glück, während seine Eltern und sein Bruder ermordet wurden. Nach dem Krieg in Polen arbeitete er einige Jahre lang für den Geheimdienst, als Diplomat und als Redakteur. 1958 kehrte er nach Deutschland zurück, wo er zum einflussreichsten Literaturkritiker der zweiten Jahrhunderthälfte wurde. Das alles schildert er in seiner 1999 vorgelegten Autobiographie *Mein Leben*. Marcel Reich-Ranicki lebt in Frankfurt am Main.

Autobiographie

Auf den ersten Blick mag dieses Werk als Gegenstand meiner Untersuchung heikel erscheinen, denn:

Erstens sind Autobiographien nur sekundär ein künstlerisches Genre. Den Autoren geht es meist eher um Selbstdarstellung als um Erkenntnis, und die bürgerlichen Rücksichten, die der Autobiograph nehmen muss, wirken literarisch verflachend. Sogar die Autobiographien ungewöhnlich seriöser und geschmackvoller Künstler wie Arthur Miller leben eher von außerliterarischen Bezügen.

Zweitens ist dieser Autobiograph von Beruf kein Erzähler.

Drittens könnte man Anstoß daran nehmen, dass die Deutung traumatischer Ereignisse wie Verfolgung, Bedrohung, Gewalt und Mord einer sprachlichen Prüfung unterzogen wird.

Warum halte ich die Betrachtung dennoch für sinnvoll?

Erstens: Mein Thema ist in erster Linie *Erzählen als Lebensdeutung*, und Autobiographie ist die meist leidenschaftliche Deutung eines als besonders wichtig empfundenen Lebens. Da sie also bewusst parteiisch ist, andererseits aber der Realität in stärkerer Weise verpflichtet als Fiktion, lassen sich in diesem Genre die Spuren der Parteinahme besonders gut verfolgen: Jede Deutung ist auch ein Kompromiss zwischen Ego und Wirklichkeit, und je kompromissloser die Parteinahme, desto stärker muss der Autobiograph den Stoff trimmen, damit seine Deutung aufgeht.

Zweitens: Marcel Reich-Ranicki versteht sich nicht als Erzähler, aber er hat sich jahrzehntelang beruflich mit dem Erzählen befasst und setzt seine Sprache zielbewusst ein.

Drittens: Je belastender eine Erfahrung, desto wichtiger ist für alle Beteiligten ihre Deutung. Unsere Deutungsdefizite den Faschismus betreffend habe ich im vorigen Kapitel angesprochen, dort im Zusammenhang mit einer Deutung von »Täterseite«. In diesem Kapitel liegt der Fokus auf der Opfer-Deutung.

Die erste Seite

Die erste Seite eines Buches, schrieb ich im vorigen Kapitel, sei gewissermaßen die Visitenkarte des Erzählers. Das gilt in besonderem Maße für Autobiographien. So beginnt Marcel Reich-Ranicki:

> *Es war Ende Oktober 1958 auf einer Tagung der »Gruppe 47« in der Ortschaft Großholzleute im Allgäu. Von den hier versammelten Schriftstellern kannte ich nur*

wenige – kein Wunder, denn ich lebte erst seit drei Monaten wieder in dem Land, aus dem mich die deutschen Behörden im Herbst 1938 deportiert hatten. Jedenfalls fühlte ich mich bei dieser Tagung isoliert; und so war es mir nicht unrecht, daß in der Mittagspause ein jüngerer deutscher Autor, mit dem ich mich im vergangenen Frühjahr in Warschau unterhalten hatte, auf mich zukam. Noch wußte ich nicht, daß schon am nächsten Tag, mit dem ihm verliehenen Preis der »Gruppe 47«, sein steiler Aufstieg zum Weltruhm beginnen sollte. [35]

Die ersten beiden Worte (»Es war«) erinnern an einen erhaben objektivierenden Erzählstil. Darauf folgt ein flotter, journalistisch routinierter Einstieg. Datum, Ort, Umfeld – die bei Veröffentlichung der Autobiographie längst legendäre Gruppe 47 – werden bezeichnet. Am Ende des Absatzes wird jemand – noch ohne Namen – vorgestellt, dessen Aufstieg zum Weltruhm unmittelbar bevorsteht und mit diesem Ereignis kausal verknüpft wird, was das Ereignis aufwertet.

Auch der Erzähler hat sich inzwischen eingeführt. Der zweite Satz kennzeichnet ihn als einen von deutschen Behörden zwanzig Jahre zuvor Deportierten, das heißt einen, dem in diesem Land krasses Unrecht widerfuhr. Ferner ergibt sich aus dem Satz, dass der Held zwar erst seit drei Monaten in dem Land lebt und nur wenige Schriftsteller kennt, aber schon in der Literaturszene verkehrt, man nimmt ihn also ernst. Im dritten Satz bezeichnet er sich als »isoliert«. Das ist ein starkes Wort. Wahrscheinlich würde jeder Mensch, der seit drei Monaten in einem neuen Land lebt, sich fremd fühlen, erst recht auf einer größeren Veranstaltung, auf der alle anderen sich kennen. Er aber fühlt sich »isoliert«, was impliziert: Man hat ihn isoliert. Isolieren ist ein aktiver Prozess.

Ein Schriftsteller hat ihn also angesprochen, und es war ihm »nicht unrecht«. Nächster Absatz:

Dieser kräftige junge Mann, selbstsicher und etwas auf-
müpfig, verwickelte mich nun in ein Gespräch. Nach
einem kurzen Wortwechsel bedrängte er mich plötzlich
mit einer einfachen Frage. Noch niemand hatte mir, seit
ich wieder in Deutschland war, diese Frage so direkt und
ungeniert gestellt. Er, Günter Grass aus Danzig, wollte
nämlich wissen: »Was sind Sie denn nun eigentlich – ein
Pole, ein Deutscher oder wie?« Die Worte »oder wie«
deuteten wohl noch auf eine dritte Möglichkeit hin. Ich
antwortete rasch: »Ich bin ein halber Pole, ein halber
Deutscher und ein ganzer Jude.« Grass schien überrascht,
doch war er offensichtlich zufrieden, ja beinahe entzückt:
»Kein Wort mehr, Sie könnten dieses schöne Bonmot nur
verderben.«

Dieser zweite Absatz beginnt mit einer Personenbeschreibung:
kräftig, selbstsicher, etwas aufmüpfig. »Kräftig« ist klar.
»Selbstsicher« müsste eigentlich heißen: »Selbstsicher wir-
kend«. Das Wort »aufmüpfig« lässt die Machtfrage anklingen.
Im zweiten Satz »bedrängt« der junge Autor den Helden mit
einer »direkt« und »ungeniert« vorgebrachten Frage. »Bedrängt«, »direkt«, »ungeniert« – das lässt den Frager aggressiv
erscheinen. Der Gefragte antwortet »rasch«, scheint also in
Verlegenheit. Aus dem Kontext heraus (»von deutschen Behörden deportiert«), kann man sich vorstellen, dass er unangenehm berührt ist. Der Frager wiederum scheint von
Reich-Ranickis improvisierter Antwort »entzückt«. Wie sich
dieses Entzücken äußert, wird nicht beschrieben: Der Autobiograph stellt nicht dar, was Grass tut, sondern errät, wie
Grass sich fühlt. Dessen Entzücken wird aus der Antwort
»schönes Bonmot« abgeleitet – eine starke Interpretation, denn
»entzückt« ist man im Leben selten; Entzücken über eine solche Antwort lässt den Frager zudem gefühl- und geschmack-
los erscheinen, da das, was er als »schönes Bonmot«
bezeichnet, für den anderen schon einmal das Todesurteil enthalten hatte. Ganz nebenbei zeigen Grass' Frage (»Was sind

Sie eigentlich?«) und Antwort (»Kein Wort mehr!«), dass auch sein Machtinstinkt gut entwickelt ist.

Der Text dieser ersten Seite ist also, trotz der auf den ersten Blick objektivierend- journalistischen Erzählweise, hoch emotional. Er stellt einen defensiven (einst deportierten, im Land noch fremden) Helden vor, der an einem bedeutenden kulturellen Ereignis teilnimmt. Ein junger Mann taucht auf, der am nächsten Tag einen »steilen Aufstieg zum Weltruhm« beginnen wird und den Helden mit einer »ungenierten« Frage nach dessen Identität bedrängt. Der Held vermag den jungen Aufsteiger mit seiner Antwort zu entzücken, damit endet diese Kommunikation.

Im folgenden Absatz, wir sind inzwischen auf der zweiten Seite, erklärt der Autobiograph, dass an seiner Antwort »kein einziges Wort« gestimmt habe, und gibt sich als jemand zu erkennen, der nirgendwohin gehört (S.12). Der wegen seiner Abstammung Verfolgte problematisiert seine Identität, das ist eine normale Reaktion, die sich bei vielen seiner Leidensgenossen beobachten ließ und lässt. Der Satz »Was sind Sie denn eigentlich?« wurde folgerichtig die Überschrift dieses ersten Kapitels. Und das Generalthema des Buchs.

Generalthema und wichtigste Motive

Die weiteren Seiten des Anfangskapitels fügen die Bestandteile dieser Identität zusammen: Herkunft, Kindheit, Heimat. Die jüdische Familie Reich lebte in Polen und gehörte dort anscheinend der Oberschicht an. Des Autobiographen Vater war »ein erfolgreicher Kaufmann […], der es zu einigem Wohlstand gebracht hatte: Er besaß in Plozk ein stattliches Mietshaus. An der Erziehung seiner Kinder hat er nicht gespart«. Er »war musikalisch, er spielte in jungen Jahren Violine«. Allerdings war er »schon in jungen Jahren ein willensschwacher Mensch […] – und [ist] es auch geblieben.« (13)

Was für Andersch gilt, gilt auch für Marcel Reich-Ranicki und jeden anderen Erzähler: Gerade am Anfang lohnt es sich, genau hinzusehen. Aus der Exposition erfahren wir viel über Wahrnehmung und Haltung des Erzählers. Bei Marcel Reich-Ranicki bemerken wir eine Serie von Feststellungen, die nur vage begründet werden und nicht konsistent erscheinen. Niemand ist allein deswegen musikalisch, weil er »in jungen Jahren Violine« spielt. Und »erfolgreicher Kaufmann« passt nicht zu Willensschwäche. Worin die Willensschwäche bestand, wird nicht gesagt. Der Autor charakterisiert seinen Vater nicht. Ob aus Pietät oder Unvermögen, lässt sich noch nicht sagen.

Reichs Mutter war die Tochter eines armen Rabbiners. Sie liebte die deutsche Dichtung, zitierte daraus bei Tisch und sprach »bis zum Tag, an dem man sie in Treblinka vergaste, […] ein makelloses, ein besonders schönes Deutsch« (16): Auch die Mutter wird nicht charakterisiert. Ihre Liebe zur deutschen Sprache und Dichtung wird in unmittelbare Verbindung zu ihrer Ermordung gebracht.

Dem fünfjährigen Marcel ließ Frau Reich die Aufschrift »Ich bin artig« aufs Hemd sticken, weshalb der in der Schule gehänselt wurde und »brüllend und prügelnd« seine Unartigkeit bewies. »Meine lebenslängliche[36] Neigung zum Trotz – sollte sie damals ihren Anfang genommen haben?« (19). Diese Frage bleibt offen, auch wenn ihr Anlass (das Hemd mit der Aufschrift »Ich bin artig«) den kleinen Marcel zu entschuldigen scheint.

Eingeschult wird Marcel gleich in die zweite Klasse einer deutschen Schule, weil ein Kinderfräulein »sich einen Spaß daraus gemacht« hatte, ihm »nebenbei und ohne viel Mühe das Lesen beizubringen« (20). Dass er als einziger schon Bücher las, »hat den Neid der Mitschüler geweckt. Von Anfang an fiel ich aus dem Rahmen, ich war ein Außenseiter.« (21) Marcel ist begabt, erfahren wir. Und: Er selbst mag sich ein Rätsel sein, doch seine Mitschüler sind ihm keins. Er weiß, was sie bewegt: Neid. Marcels Mitmenschen treten im Plural auf, während er für sich allein steht. Seine Mitschüler sind (offenbar alle) neidisch. Er stellt sie nicht als Individuen dar, sondern als Kollektiv, und zwar ein feindseliges. Auf derselben Seite im selben Zusammenhang taucht noch ein Kollektiv auf: das der »deutschen Autoren«. Marcel Reich-Ranicki hat ihnen gegenüber gescherzt, er könne »bis heute« besser lesen als schreiben, und »unseren oft mit einem kindlichen Gemüt gesegneten Schriftstellern bereitet diese Äußerung geradezu diebisches Vergnügen« (20f). Warum sind »unsere« (das meint wohl die deutschen, im Gegensatz zu anderen) Schriftsteller »mit einem kindlichen Gemüt gesegnet«? Weil ihnen Marcel Reich-Ranickis selbstironischer Scherz Vergnügen bereitet, »diebisches« zudem. Diebisch heißt, dass sie sich auf seine Kosten zu amüsieren glauben, während sie in Wirklichkeit seine Ironie nicht bemerken. Wir erhalten keinen guten Eindruck von diesem Kollektiv.

> *Doch alles in allem hatte ich in dieser evangelischen Volksschule nicht viel Kummer, zumal ich von unserer Lehrerin, einem deutschen Fräulein namens Laura, freundlich behandelt wurde. Das hatte einen guten Grund: Sie entlieh sich von meiner Mutter deutsche Bücher, die diese immer wieder aus Berlin bezog. Noch kann ich mich entsinnen, worauf das Fräulein, deren stattlicher Busen mich sehr beeindruckt hat, ungeduldig wartete. Es war keines der großen Kunstwerke jener Zeit, wohl aber ein Roman, der damals ganz Europa irritierte: Remarques* Im Westen nichts Neues. (21)

Die Freundlichkeit der Lehrerin hat »einen guten Grund«: die Bücher von Mutter Reich. Diese Formulierung impliziert, dass Fräulein Laura ohne diese Leihgabe unfreundlich gewesen wäre. Was ist passiert? Hat Fräulein Laura Marcel am Ohr gezogen, wenn er ohne Bücher kam? Falls ja, wird das nicht erzählt: Es bleibt bei einem Verdacht, der Fräulein Laura in ein schlechtes Licht setzt. Ansonsten erfährt man noch zwei Dinge über sie: dass sie einen »stattlichen Busen«[37] hatte, der den kleinen Marcel mehr beeindruckt als ihre Freundlichkeit, und dass sie mit besonderer Ungeduld auf *Im Westen nichts Neues* wartet, ein Buch, das vom Autobiographen bei dieser Gelegenheit als zweitrangig klassifiziert wird.

Interessant ist der Absatz, weil er den einzigen Versuch einer Personenbeschreibung in diesem Kapitel darstellt. An ihm fällt auf, dass der Autobiograph Fräulein Laura offenbar nicht schätzte, das aber nicht sagen will oder nicht weiß. Er schreibt nicht: »Ich mochte sie nicht, weil…« (was nicht nur aus der Sicht eines Kindes verständlich wäre), sondern simuliert ein »objektives« Porträt. Die erzählerische Folge ist Verlust der Aussagekraft: Das Bild wird unscharf, ein Charakter geht nicht daraus hervor. Subjektivität ist in Erzählungen kein Problem, solange sie dem Erzähler bewusst ist. Gibt sie sich objektiv, wirkt sie verzerrend. Jede Verzerrung hat eine psychische Funktion. Wenn sie ins Positive geht, zeigt sie des Deuters Bedürfnis zu idealisieren. Geht sie ins Negative, zeigt sie sein Bedürfnis, zu verachten oder zu strafen. Man fragt sich, was hier der Fall war. Hat der Autobiograph eine persönliche Rechnung mit Fräulein Laura offen (welche?), oder nimmt er sich die Lehrerin als Stellvertreterin vor (wovon)?

Die polnische Kindheit geht ihrem Ende entgegen: 1929 macht Vater Reich bankrott.

[Das] hatte zwei Gründe: die Wirtschaftskrise und meines Vaters Mentalität. Er war solide und anspruchslos, gütig und liebenswert. Nur hatte er leider den falschen Beruf gewählt. (22)

Die Mutter war

an der ganzen Katastrophe [...], versteht sich, unschuldig. [...] So viele Vorzüge [sie] hatte, sie war – in dieser Hinsicht meinem Vater nicht unähnlich – vollkommen unpraktisch. (23)

Der Vater machte bankrott, weil er leider den falschen Beruf gewählt hatte, und die Mutter war an der ganzen Katastrophe, versteht sich, unschuldig. Was konkret passierte, wird nicht erzählt. Wir bekommen widersprüchliche Erklärungen: Was sich »rings um [ihn] abspielte«, habe Marcel mit seinen neun Jahren nicht begreifen können, dennoch: »Zuviel wurde in unserer Wohnung, auch in meiner Gegenwart, geweint, als daß mir die Familienkatastrophe hätte entgehen können« (24). Auf Aussagen, die sich unmittelbar, manchmal von Satz zu Satz widersprechen, werden wir noch oft stoßen.

Folge des Bankrotts: Die Familie muss die Stadt verlassen. Reiche Verwandte in Berlin sind bereit, sie aufzunehmen. Vorher wird Marcel zu seiner Lehrerin geschickt, um sich zu verabschieden.

Das Fräulein Laura mit dem wogenden Busen richtete den Blick in die Ferne und verkündete ernst und feierlich: »Du fährst, mein Sohn, in das Land der Kultur.« (25)

Im Nachhinein, aus der Erfahrung des Faschismus, klingt diese Bemerkung wie Hohn, und der Autobiograph verwendet sie reaktiv zu einer Karikierung des Fräuleins Laura: neutraler Artikel (»das« Fräulein), triviale Wortfügungen (»wogender Busen«), »Blick in die Ferne« (im Klassenzimmer), »ernst und feierlich« (vgl. Heine: »seufzte lang und bang«), unorganisch, theatralische persönliche Rede (»Du fährst, mein Sohn..:«)[38]. Auch der Umzug nach Berlin wird sarkastisch beschrieben: Der Autobiograph weiß, wie viel Schlimmes ihm bevorsteht. In den letzten beiden Absätzen des Kapitels, während Familie Reich im Zug nach Berlin sitzt, hebt er die Fallhöhe noch etwas an:

Der Weg war weit, erst abends würde ich in jener Märchenwelt anlangen, die mir meine Eltern ausgemalt, in jenem Traumland, das sie mir versprochen hatten. Neu-

gierig wartete ich auf das Ende der Bahnfahrt – [...] das
Wunder Berlin. (25)

Erzähltechnik

Wenn Erzählen mit Erkennen zu tun hat, muss etwas erkannt werden, bevor man es erzählen kann. Erkennen lässt sich menschliches Geschehen an Handlungen, Charakteren, Interaktionen.

Handlung heißt: Jemand tut etwas.

Charakter: Jemand handelt auf charakteristische Weise, die Rückschlüsse auf sein Wesen zulässt.

Interaktion: Wenn zwei Charaktere aufeinandertreffen, reagieren sie aufeinander. Persönliche *Beziehungen* ergeben sich möglicherweise, wenn bestimmte Individuen regelmäßig und spezifisch interagieren.

Wie ist das bei Marcel Reich-Ranicki?

Konkrete persönliche Handlungen kommen nicht vor. Geschildert wird nichts. Physische Handlungen werden nicht beschrieben, höchstens erwähnt: »Es wird« in der Wohnung »geweint«. Meist verwendet der Autor Überbegriffe: Marcels Schwester »wird« wegen ihres deutschen Namens in der Schule »oft verhöhnt« (18). Wie das konkret aussah und was »oft« bedeutet, erfährt der Leser nicht. Passivkonstruktionen (es »wird« geweint, verhöhnt) machen die Handelnden unsichtbar. Viele Aktivkonstruktionen sind mehrdeutig: Wenn es heißt, ein Kinderfräulein »hatte sich einen Spaß daraus gemacht, mir nebenbei und ohne viel Mühe das Lesen beizubringen« (20), weiß man weder, wie das konkret vor sich ging, noch, was er mit »ohne viel Mühe« meint (hatte er keine oder gab sie sich keine?). »Sich einen Spaß machen« klingt so, als habe das Mädchen sich auf Kosten Marcels amüsiert, aber der Autor begründet diese Annahme nicht. In anderen Passagen deutet er Handlungen nicht einmal an, sondern ersetzt sie gleich durch vermutete Intentionen: Marcels Mitschüler *waren* neidisch, weil er schon lesen konnte. Wie äußerte sich das? Kein Hinweis. Des Autobiographen Behauptung wird als Handlung ausgegeben. Alle Intentionen von Marcels Mitmenschen sind tendenziell negativ. Formal handelt es sich um Unterstellung. Eine Autonomie des Erzählten, die dem Zuhörer eine eigene Vorstellung ermöglicht, kommt nicht zustande.

Da wir keine Handlungen sehen, sehen wir auch keine Personen. Jede Figur erscheint nur in Marcels Bewertung, die nie begründet wird. Sein Vater sei »gütig und liebenswert« (22), seine Mutter habe »viele Vorzüge« (23). Der Schulleiter ist ein »besonders strenge[r] Mann, der, wenn ich recht informiert bin, in den ersten Tagen des Zweiten Weltkriegs von den Polen als deutscher Spion hingerichtet wurde« (20). Marcel bewertet seine Familie positiv (gütig, nobel, solide, kultiviert), nennt aber kein Beispiel für eine gütige, noble, kultivierte Handlung. Er suggeriert dabei Objektivität (nicht er persönlich liebte seinen Vater, sondern der »war« für alle »liebenswert«). Der Autobiograph nimmt Personen, die nicht zur Kernfamilie gehören, als feindselig wahr, Abweichungen gibt es nur innerhalb des recht schmalen Spektrums zwischen latenter und offener Feindseligkeit. Kein einziges Mal wird berichtet, wie sich diese Feindseligkeit äußert. Diese Undeutlichkeit hat etwas Irreales und verstärkt dadurch den Eindruck von Bedrohung. Gegen die Bedrohung setzt der Autor seine Hellsicht: Er weiß, was seine Mitmenschen bewegt, und erklärt uns ihre Motive. Fräulein Laura ist freundlich, weil Mutter Reich ihr Bücher leiht. Die Mitschüler sind »neidisch«. Da ein Hauptmerkmal des Menschen seine Widersprüchlichkeit ist, nimmt der Autor seinen Figuren mit der Komplexität auch ihre Individualität. Da Charaktere in dem Kapitel nicht vorkommen, können sie nicht interagieren. Folgerichtig sieht man in Marcels Kindheit nie zwei Personen miteinander etwas tun, sich unterhalten, zueinander in Beziehung treten. Man sieht nur eine Person, das ist Marcel.

Wir haben hier ein beeindruckend komplettes paranoides System: Alles Böse kommt von außen. Freilich wird dieses System einige Kapitel später eine monströse Rechtfertigung erfahren, und auch eine eventuelle Vorschädigung weiß der Autobiograph zu begründen: »Es sind die Jahrhunderte, Jahrtausende während Schikanen und Verfolgungen« (471), denen die Juden in Europa ausgesetzt waren. »Vielleicht sollte man den Juden diese Mischung aus Mißtrauen und Überempfindlichkeit nicht zu sehr verübeln« (470). Verübeln sollte man sie überhaupt nicht. Es sei aber festgehalten, dass sich mit diesem simplen Konzept, so berechtigt es subjektiv sein mag, nichts differenziert erzählen lässt: Es blockiert die entscheidende Deutungsinstanz im Autor (die »erkennende«) und somit alle Elemente des Erzählens. Handlungen, Individuen und Beziehungen sind, da sie nur undeutlich wahrgenommen werden, auch nicht darstellbar. Sie werden durch Projektionen ersetzt. Der Autor gibt seine Bewertung als Erzählung aus.

Die Wirkung auf den Leser

Über den substantiellen Schwächen dieser Erzählsprache sollte man ihre Deutungsenergie nicht verkennen. Neben den besprochenen Passivkonstruktionen, vagen Zeit- und Mengenangaben, unsichtbaren Handlungen und Projektionen fallen insbesondere die vielen leeren Adjektive, Adverbien und Umschreibungen auf. Mit ihnen (»nicht selten«, »nicht unähnlich«, »versteht sich«, »besonders«, »vollkommen« etc.) ist Marcel Reich-Ranickis Stil gespickt. Sie blähen seine Prosa auf und verleihen ihr eine gewissermaßen schlingernde Stoßkraft, deren Richtung sich zunächst nicht erschließt, da sie inhaltlich nichts hergeben: Wenn etwas »nicht« selten ist, muss auch das »selten« nicht gesagt werden. Wenn etwas »sich versteht«, muss man das ebenfalls nicht betonen. Und, im Kontext: »Vollkommen unpraktisch« (S.23) sagt nicht mehr aus als »unpraktisch«, denn »unvollkommen unpraktisch« kann keiner sein. Die Zusätze scheinen die Aussagen zu präzisieren, aber sie tun es nur gestisch; in Wirklichkeit emotionalisieren sie. Diesen Effekt kennen wir aus der Alltagssprache, mit denselben Implikationen: Der »*sehr* tiefe« See ist nicht nachweisbar tiefer als der »tiefe«, denn keiner weiß, wie viele Meter das »sehr« dem »tief« hinzufügt. »Sehr« bedeutet nur, dass der Sprecher den See als besonders tief *empfindet*, wobei er die Empfindung sprachlich in eine Eigenschaft des Gegenstandes verwandelt. In der Alltagssprache ist das in Ordnung, denn die Beteiligten wissen, was gemeint ist, und Gefühl, auch unausgesprochenes, belebt die Verständigung: Der naive Zuhörer wird nun seinerseits von der Tiefe des Sees beeindruckt sein. Der See ist ein harmloses Beispiel. Aber mit denselben sprachlichen Mitteln lassen sich ganze Weltbilder übertragen, und man sollte imstande sein, sie zu erkennen. Marcel Reich-Ranickis Erzählung ist emotionaler, als sie sie wirkt. Das macht sie suggestiv. Die eingeschränkte, beunruhigend löchrige und einseitig selektive Wahrnehmung, die ihr zugrunde liegt, überträgt sich zusammen mit den unausgesprochenen Gefühlen des Autors auf den Leser, der mangels Information keine Chance zu einer anderen Bewertung des Geschehens erhält. Er blickt, bildlich gesprochen, durch ein unscharfes Fernrohr, während ihm intensiv erklärt wird, was er von dem verschwommenen Bild zu halten habe.

Suggestion löst beim Empfänger Unbehagen aus, da sie ihn fremdbestimmt: Sie redet ihm eine Anschauung ein, die seiner Beobachtung nicht entspricht. Das schwächt sein Selbstgefühl. Aufs unscharfe Fernglas bezogen: Er wird vielleicht an seinen eigenen Augen zu zweifeln beginnen: »Na ja, der (andere) ist ein preisgekrönter Scharfschütze, und ich bin normaler Brillenträger, es wird schon so sein.«

Auch rein verbale Suggestion schwächt die Wahrnehmung des Empfängers. Der ungenaue Stil ist das unscharfe Fernglas. Suggestion trickst das Bewusstsein aus, das Eindrücke normalerweise prüft. Dadurch wird die Vernunft und somit Integrität des Menschen beeinträchtigt. Verlust der Integrität löst Unsicherheit und Unbehagen aus, das sich, bei starker Suggestion, in Angst und Wut verwandeln kann. Suggestion will den Adressaten nicht überzeugen, sondern überwinden; sie arbeitet mit verdeckten Mitteln, weil sie die offene Darstellung scheut . Bildlich gesprochen: Wäre sich der Suggestor seiner Sache sicher, bräuchte er kein unscharfes Glas.

Ich habe gezeigt, wie Prosa unterschwellige Wirkung erzeugen kann, obwohl ihre Mittel eigentlich zu Tage liegen. Aber um Suggestion zu erkennen und zu neutralisieren, reicht Sprachbewusstsein nicht aus. Auch in unserem Fernrohr-Beispiel bräuchte der Empfänger, der seinen Augen vertraut, Selbstbewusstsein, um zu antworten: »Warum soll ich bestätigen, was ich nicht sehe?« Nicht nur Sehschwäche, auch Ängstlichkeit erhöht die Suggestibilität.

Die nächste Lebensstation: Berlin

Zurück zum Autobiographen Reich-Ranicki. Seine Berliner Zeit (1928-1938) ist wie die polnische Kindheit geprägt von sozialem Stress. Marcel zieht zu reichen Verwandten. Als er am ersten Abend ein Ei nicht ganz aufisst, belehrt ihn seine Tante »knapp und streng: ›So ißt man Eier in Deutschland nicht.‹ [...] Damals habe ich wohl zum ersten Mal in meinem Leben das Wort ›Deutschland‹ gehört – und es klang nicht gerade freundlich.« (28) Hier, denke ich, sagt er die Unwahrheit. Seine Mutter rezitierte deutsche Gedichte, er besuchte in Polen die deutsche Schule, Fräulein Laura verkündete: »Du fährst in das Land der Kultur«, seine Eltern hatten ihm die neue Heimat als »Märchenwelt« und »Traumland« ausgemalt – und da soll das Wort »Deutschland« nie gefallen sein? Das scheint mir ausgeschlossen, zumal der Begriff damals noch nicht dämonisch konnotiert war. Plausibel scheint folgender psychologische Mechanismus: Marcel ist jung, fremd, allein (die Eltern sind anderswo untergekommen), und die Tante rügt den kleinen Kostgänger in wenig einfühlsamer Weise. Das ist ein Schock. Er rettet sich, indem er das Belastende der Situation nach außen projiziert. Nebenbei verbucht der Autobiograph bei der Schilderung dieses ersten Berliner Abends noch einen kleinen Punkt für Prophetie.

Am ersten Schultag verbucht er den nächsten. Er sieht, wie der Lehrer einen Schüler mit dem Rohrstock schlägt. »Im Land der Kultur wurden Kinder von ihren Erziehern mit dem Rohrstock geprügelt. Da konnte etwas nicht stimmen.« (30f) Schon an seinem ersten Schultag durchschaut der kleine Marcel das »Land der Kultur« als Schwindel. Ab diesem Tag in Deutschland spürt er etwas, »was ich nie ganz überwinden konnte, was mich ein Leben lang begleitete. […] Ich meine die Angst – die Angst vor dem deutschen Rohrstock, dem deutschen Konzentrationslager, der deutschen Gaskammer, kurz: der deutschen Barbarei. Und die deutsche Kultur […]? Auch sie ließ nicht lang auf sich warten. Ziemlich schnell geriet ich in den Bann der deutschen Literatur, der deutschen Musik. Zu der Angst kam also das Glück hinzu – zur Angst vor dem Deutschen das Glück, das ich dem Deutschen verdankte.« (31) Später wird er diese Dichotomie zuspitzen: »Deutschland – das sind für mich Adolf Hitler und Thomas Mann. Nach wie vor symbolisieren diese beiden Namen […] die beiden Möglichkeiten des Deutschtums.« (104) Man beachte die Kombination aus Ungenauem (»Möglichkeiten«, »Deutschtum«) und Scheinpräzision (»die beiden« [!], »Adolf Hitler und Thomas Mann«): eine klassisch suggestive Wendung, die die Wahrnehmungsschwäche des Autors vorbildlich illustriert: Zwischen Angst und Glück, Schwarz und Weiß, Böse und Gut ist Leere. Den Raum zwischen den Extremen blendet der Autobiograph aus.

Wie schlägt sich das auf seine weitere Erzählung nieder? »Die Mitschüler« erschweren ihm alsbald wieder den Alltag. »Sie sahen in mir […] den Ausländer, den Fremden. Ich war etwas anders gekleidet, ich kannte ihre Spiele und Scherze nicht. Noch nicht. Also war ich isoliert.« (31)

Das Kindheitsmuster setzt sich fort: Man weiß nicht, was sie taten, außer dass es feindselig war (»erschwerten« ihm »den Alltag«), man erfährt über sie nur, was sie in ihm »sahen«, und wieder sind »sie« alle gleich. Da weiterhin alles vage bleibt, ist es auch uninteressant, und man würde wohl aufgeben, wenn sich nicht am Ende dieses Kapitels eine Wende andeutete: Marcel entdeckt die Literatur. Und durch sie das Leben.

Genese eines Kritikers

Er liest nämlich Bücher und findet daran

> *[...] immer mehr Spaß. Und ehe ich mich's versah, da war's um mich geschehn. Ich war glücklich – wohl zum ersten Mal in meinem Leben. Ein extremes, unheimliches Gefühl hatte mich befallen und mich überwältigt. Ich war verliebt. Halb zog sie mich, halb sank ich hin – ich war verliebt in sie, die Literatur.* (34)

Vorher war er offenbar nie glücklich, jetzt schon. Um das erste starke, positive Gefühl seines Lebens auszudrücken, benützt er zwei lyrische Zitate (»war's um mich geschehn«, »halb zog sie mich...«), wobei das zweite eine erotische Konnotation hat. Seine eigene Beschreibung ist ungenau (»unheimliches Gefühl«), bei dramatischer Lexik (»extrem«, »befallen«, »überwältigt«). Die Macht dieser Liebe allerdings drücken sie aus, und sie wird bleiben: Man begreift, dass die Literatur für ihn alles ist, mehr als andere Menschen und wohl auch mehr als *für* die meisten anderen Menschen. Sie ist seine Brücke zum Leben, das sich ihm sonst verschließt.

Der halbwüchsige Marcel liest also das, was Schüler damals lasen (*Ben Hur, Die letzten Tage von Pompeji, Die Ahnen, Ein Kampf um Rom*), und zeigt sofort beträchtliche Urteilslust. Mit Peter Rosegger »konnte ich nicht viel anfangen« (32), *Lederstrumpf* liest er »respektvoll und doch ein wenig gelangweilt«, Karl Mays Bücher »regten mich auf«, weil der »deutsche Autor« »sich nicht genierte, die billigsten Mittel zu verwenden« (36), Gustav Freytags *Ahnen* erscheinen ihm »wacker«, »bemüht«. Am stärksten prägt sich ihm Felix Dahns *Kampf um Rom* ein, »ein mit Kontrasteffekten glänzend operierendes Riesenfresko«, in dem er sich mit dem »körperlich schwache[n] und gelähmte[n]« Feldherrn Narses identifiziert, dem »Stratege[n], der allen anderen hoch überlegen ist« (37) – man beachte das erkannte Leitmotiv, die Kombination aus unverschuldetem Unglück und verdienter Überlegenheit. Über Bücher schreibt der Autobiograph plastischer als übers wirkliche Leben, da verfügt er auch über einen größeren Wortschatz. Zu ihnen und ihren Helden nimmt er eine Beziehung auf, was er im wirklichen Leben kaum tut.

Interessant ist, dass er sogleich kritisiert: Wenn ihm was missfällt, ist er ungnädig. Er will der Literatur nicht demütig als Sklave anhängen, sondern stellt Ansprüche.

Dankbarkeit und Urteilslust widersprechen sich nicht. Man kann das so verstehen: Bisher gab es zur Bewertung der Welt nur eine Dimension (für / gegen Marcel), und der Autobiograph musste seinen Stoff bis zur Unkenntlichkeit verstümmeln, um ihn auf diese Linie zu bringen. Allerdings reichte das, bei aller Leidenschaft, zur Orientierung nicht aus. Nun betritt der verstörte Halbwüchsige die weiträumige, sinnliche, erfahrungsgesättigte, ästhetisch ansprechende und bedeutsame Welt der Literatur. Hier wird er erlebnisfähig, entwickelt Sprachvermögen und Urteilskraft. Hier findet er nicht nur eine Wertaura, sondern auch etwas scheinbar Absolutes: eine qualitative Hierarchie. Er kann sich jetzt justieren. Wenn er früher nicht geschätzt wurde, war das lediglich von subjektiver Bedeutung. Jetzt aber integriert er sich in ein etabliertes, prestigeträchtiges System.

Hierarchie scheint ihm sogleich wichtig zu sein. Das zeigt sich im klassifizierenden Vokabular. Erfolg wird immer erwähnt, oft noch bevor ein Name genannt wird.

Der »Bestseller *Ben Hur*« (36), *Quo vadis* des »polnischen Nobelpreisträgers Henryk Sienkiewicz« (36), der »inzwischen vergessene« Emanuel Geibel (36). Erfolg wird auch im einschränkenden Kontext verhandelt: »Die als besonders empfehlenswert geltenden deutschen historischen Romane aus dem neunzehnten Jahrhundert« (37) hält er offenbar nicht für empfehlenswert, was er aber nicht direkt sagen will. Selbst wenn er Recht hat: Er bringt kein literarisches Argument. Er erwähnt nur ihre »auffallend patriotische Tendenz« (37).

Anhand nicht belegter Prädikate (»groß«, »bedeutend«, »bemüht«, »inzwischen vergessen«) erstellt er Ranglisten. Unangefochtene Klassiker (Goethe, Shakespeare) lobt er, während er die Kleineren rügt. Er muss in der Schule Böcklin und Rosegger lesen: »So gut meinte es das Leben mit mir nun doch nicht« (32). Indem er nebenbei sagt »keiner von den ganz Großen«, erklärt er einen Autor für Mittelmaß, während er sich selbst, Überblick demonstrierend, neben die »Großen« stellt. Das Vergleichen, Herauf- und Herabsetzen wird er nie lassen können. Dennoch würde es zu kurz greifen, das nur als Machtausübung zu sehen: Mindestens ebenso ausgeprägt wie sein Machtinstinkt scheint sein Bedürfnis nach Orientierung. Als der Gymnasiast keinen Zugang zu Shakespeares *König Lear* findet, macht er sich beinah ein bisschen Sorgen: »[...] der *Lear* gehört doch zu den berühmtesten Tragödien der Weltliteratur« (119). Das Problem löst sich mit den Jahrzehnten und wird schließlich durch den Satz des 78jährigen Goethe geadelt: »Ein alter Mann ist stets ein König Lear« (120). Auch spätere Bewertungsirritationen werden berichtet und berichtigt. Dass später im Warschauer Getto der junge Reich lieber Erich Kästner als Hölderlin und Rilke las, erklärt er noch fünfzig Jahre später in seiner Autobiographie mit situationsbedingtem Widerwillen gegen die »Orakelsprüche« der »Propheten mit dem priesterlichen Gestus«, worauf er die Verhältnisse sogleich zurechtrückt: »Es ist im übrigen unmöglich, Kästner in einem Atemzug mit Rilke und George zu nennen oder gar mit Hölderlin. Aber in manchen Situationen des Lebens hat man keine Geduld für Bruckners Symphonien, wohl aber eine Schwäche für Gershwin« (42).

Ebenso wird ihm später der Erfolg des Autors Grass zu schaffen machen, dessen *Blechtrommel* er verriss. In diesem

Fall wird er sich sogar Unrecht geben, was weniger verwunderlich ist, als es zunächst scheint: Schließlich möchte er sich im Einklang mit dem allgemeinen literarischen Wertsystem fühlen, aus dem er seine Autorität bezieht.

Kästner, *König Lear* und Grass sind Ausnahmen. Zumeist verteilt der Autobiograph seine Zensuren ohne sichtbaren Zweifel. Fast jeder Name oder Titel der Weltliteratur wird reflexhaft kategorisiert, gelegentlich mit komischem Effekt, wie etwa bei Remarques *Im Westen nichts Neues*, dem Buch, auf das Fräulein Laura in den zwanziger Jahren so ungeduldig wartete: »Keines der großen Kunstwerke jener Zeit« (21) muss der alte Marcel Reich-Ranicki siebzig Jahre später unweigerlich bemerken. Vielleicht konnte er der Versuchung nicht widerstehen, hier zwei Fliegen mit einer Klappe zu schlagen? Schriftsteller werden von Laien immer wieder gefragt, ob Marcel Reich-Ranickis literarisches Urteil eigentlich ernst zu nehmen sei. Vorgreifend sage ich nun: Die Rezensionen aus seiner guten Zeit belegen, dass es wesentlich besser war, als es nach diesen Passagen scheint. Ich habe bisher textimmanent interpretiert, das heißt, ich ging nur von dem aus, was in der Autobiographie zu lesen ist. Und daraus lässt sich literarische Kompetenz nicht schließen: Wer Shakespeare gut findet, beweist noch kein unabhängiges Urteil. Und die Ranglistenmanie halte ich für eine Unart, die wohl im Alter Überhand genommen hat. Die Rezensionen aus Marcel Reich-Ranickis bester Zeit dagegen zeugen von Genauigkeit und Gespür, vor allem aber von einer Zuwendung und Skrupulosität, wie er sie dem wirklichen Leben gegenüber zumindest in seiner Autobiographie nicht erweist.

Liebe zur Literatur

Bücher sind einfacher wahrzunehmen als Menschen. Sie entziehen sich nicht dem Kontakt. Sie formen und verdichten das amorphe Leben. Falls sie gut sind, enthalten sie Gefühl, Sinnlichkeit, Beziehungen, Welt; nebenbei die ganze Palette der höheren Deutung: Geist, Tragik, Komik, Humor. Es gibt viele Hinweise, dass Marcel Reich-Ranicki, jenseits seiner Bewertungssucht, all das wahrgenommen hat und dass es für ihn von existentieller Bedeutung war. Als er in *Tonio Kröger* Tonios Klage liest, er (Tonio) sei oft sterbensmüde, »das Menschliche darzustellen, ohne am Menschlichen teilzuhaben«, fühlt er sich

> *tief getroffen: Die Furcht, nur in der Literatur zu leben und vom Menschlichen ausgeschlossen zu sein, die Sehnsucht also nach jener schönen, grünen Weide, die rings umher liegt und doch unerreichbar bleibt, hat mich nie ganz verlassen. Diese Furcht und diese Sehnsucht gehören zu den Leitmotiven meines Lebens.* (103)

»Die Sehnsucht also nach jener schönen, grünen Weide, die rings umher liegt und doch unerreichbar bleibt«, besser lässt sich das nicht sagen. Marcels Liebe zur Literatur ist echt, und ihr verdanken wir die ergreifendsten Passagen seiner Autobiographie.

Über Bücher nimmt er sogar Beziehungen zu Menschen auf. Ein schönes Porträt zeichnet er von seinem Deutschlehrer Dr. Knick. Die Darstellung ist unbeholfen – das Instrumentarium des Autobiographen bleibt dem Trivialen verhaftet –, aber auf einmal findet er einen beinah zärtlichen Duktus: »[Dr. Knick war] ein Schwärmer, ein Enthusiast, einer vom Geschlecht derer, die glauben, ohne Literatur und Musik […] habe das Leben keinen Sinn«; »[Er] war nicht nur ein vielseitiger und hervorragender Pädagoge […], sondern auch ein musischer Mensch, ja ein Künstler, nämlich ein Regisseur…« (49). Dr. Knick, der sich feierlich und mit zitternder Stimme vor der Klasse gegen den Antisemitismus ausspricht (48), worauf er von der Gestapo verhört und schließlich an eine andere Schule versetzt wird, hat Marcels Liebe zur Literatur gefördert und auf seine Lektüre Einfluss genommen. Geduldig erklärt er dem kritischen Marcel Shakespeares *Sturm*:

»*Ich verstehe dich gut, aber du verkennst die Realität. Die menschliche Gesellschaft besteht nicht nur aus den Repräsentanten des Geistes wie Prospero [...], dazu gehören auch solche Wesen wie Caliban, sowenig er dir gefallen mag. Das sind zwei Seiten derselben Sache, und beide sind wichtig. Paß auf – heute zumal –, daß du nicht nur die eine Seite wahrnimmst und die andere übersiehst.*« (51)

Zum ersten Mal hören wir Marcel mit jemandem reden. Zum ersten Mal sagt jemand etwas Persönliches zu ihm, und man ahnt, was es ihm bedeutet, sonst würde er nicht versuchen, es fünfundsechzig Jahre später wörtlich zu zitieren. Später wird Dr. Knick Marcel auch privat empfangen, sich seine Leseeindrücke anhören und sein Urteil bestätigen oder korrigieren. Marcel Reich-Ranicki erzählt von diesen Begegnungen nüchtern, aber genau und daher gut: Er kommt 17 Uhr, und Schlag 18 Uhr klopft Knicks Frau an die Tür zum Zeichen, dass er zu gehen habe; um die knappe Zeit gut zu nutzen, notiert Marcel die Autoren und Titel, über die er sprechen will, auf Zettel. Man stellt sich vor, wie der einsame junge Migrant von dem versponnenen, gefährdeten Idealisten auf dem Umweg über Shakespeare zu lernen versucht, dass im Leben alles zwei Seiten habe, und ahnt auf einmal die Heilkraft der Literatur.

Verfolgung

Die Heilung wird nicht vollendet: Der Faschismus macht sie zunichte. Aber die Literatur ist damit für Marcel nicht erledigt: Sie wird ihn, wenn schon nicht heilen, so doch retten. 1936 trifft er sich mit zehn anderen jungen Leuten zu einem literarischen Abend in einer Wohnung im Grunewald und hört mit Entsetzen jemanden Kurt Tucholskys Abschiedsbrief an Arnold Zweig vom 15. Dezember 1935 vorlesen, ein Dokument der psychischen Zerrüttung und Demoralisierung, das in einer SS-Zeitung höhnisch zitiert wird (100f). Als sich ein Jahr später die Runde, inzwischen konspirativ dezimiert, in der gleichen Wohnung wieder trifft, um gemeinsam einen »illegal nach Berlin gelangt[en]« Brief Thomas Manns zu lesen, fürchtet Marcel ein entsprechendes Desaster und ist höchst alarmiert.

> *Die Frage, was Thomas Mann, der nun in der Schweiz wohnte, angesichts dessen, was sich in Deutschland abspielte, tun werde, gewann für mich, ich übertreibe nicht, lebenswichtige Bedeutung. [...] ich glaube, ich zitterte. [...] Doch schon der dritte Satz hat die Unsicherheit behoben. Denn hier war von den »verworfenen Mächten« die Rede, »die Deutschland moralisch, kulturell und wirtschaftlich verwüsten«. Da konnte kein Zweifel mehr sein: Thomas Mann hatte sich in diesem Brief zum ersten Mal und in aller Deutlichkeit gegen das »Dritte Reich« gestellt.* (103f)

Der Leser teilt Marcels Glück und seine Dankbarkeit (104f), in dieser Atmosphäre der Bedrängnis und allgemeinen Verrohung eine Stimme der Vernunft zu hören. Die Macht des freien, unkorrumpierten Wortes: Man darf sich fragen, ob das Unheil hätte abgewendet werden können, wenn eine größere Menge Leute damals diese Macht ebenso stark empfunden hätte wie dieser Schüler aus dem armen Polen.

Inzwischen durchläuft Marcel das Gymnasium, flüchtet sich so oft wie möglich ins Theater, sucht in Büchern Hinweise zum Mysterium der Liebe, lässt sich von Hofmannsthals kleinem Spiel *Der Tor und der Tod* rühren, obwohl es »bestimmt nicht die allerbeste Literatur« ist (147), und wird schließlich von einer Schauspielerin, die Rilke zitiert, in die körperliche Liebe eingeweiht. Er träumt von einer Laufbahn als Germanist oder Kritiker, obwohl er weiß, dass das im faschistischen Deutschland unmöglich sein wird. Die Frage, was aus ihm werden soll,

»lastete auf meiner ganzen Jugendzeit« (153), auch seine Eltern wissen keine Antwort.

Vorläufig fürchtet er vor allem, man werde ihm das Abitur verweigern oder Juden den Besuch von Theater und Oper verbieten: »Damit wäre ich aus meinem wunderbaren Zufluchtsort verjagt worden« (153). Persönlich hat er »damals in Berlin – das mag heute verwundern – keine Feindseligkeiten zu ertragen« (152), aber das Klima im Land verschlechtert sich unübersehbar. Nach dem Abitur arbeitet Marcel kurze Zeit als Lehrling in einer Exportfirma in Charlottenburg und entdeckt sein Organisationstalent, dann wird er eines Oktobermorgens ohne Vorwarnung von einem Schutzmann abgeholt: »Nur fünf Mark durfte ich mitnehmen und eine Aktentasche« (157). Er packt Balzacs *Frau von dreißig Jahren* ein und bedauert, dass seine Eintrittskarte für die Premiere von Shaws *Arzt am Scheideweg* mit Gustav Gründgens und Werner Krauss im Theater am Gendarmenmarkt nun verfallen wird. »Nebenbei bemerkt: Es ist mir nicht viel entgangen, denn trotz der prominenten Besetzung war es, wie ich später hörte, eine nur mittelmäßige Aufführung« (158). Zusammen mit einigen hundert anderen Juden mit polnischem Pass verfrachtet man ihn in einen Zug nach Warschau.

In Polen kommt er bei seinem Bruder unter, auch seine Eltern stoßen bald dazu. Marcel frischt seine Polnischkenntnisse auf und flüchtet sich so oft wie möglich – »Arbeitslose [haben] immer […] viel Zeit« (164) – ins Theater und in den Konzertsaal. Dort fühlt er sich »etwas weniger einsam« (164). Er liest weiterhin wie ein Besessener, inzwischen auch polnische Literatur, vor allem Lyrik. Als die deutsche Armee in Polen einmarschiert, flüchtet er mit seinem Bruder auf einem Lastwagen in die ostpolnischen Pripjet-Sümpfe, wo sie in schäbigen Bauernhütten bei analphabetischen Bauern unterkommen, bis aus dem Osten russische Soldaten auftauchen; aber diese sollen nicht Hitler bekämpfen, sondern Ostpolen in Besitz nehmen. Warschau, von den Deutschen erobert, sei ein Trümmerfeld, erfahren die Brüder. Sie schlagen sich wieder nach Warschau durch, finden die Wohnung der Eltern im halb zerstörten Haus und klopfen erregt ziemlich lange, bis sich die Tür öffnet.

Vor uns standen zwei, wie uns schien, sehr alte Menschen, die uns in der Dunkelheit nicht erkannten und denen offenbar der Schreck die Sprache verschlagen hatte – meine Mutter und mein Vater. (177)

Opfer

Die Zeit im Getto war Marcel Reich-Ranickis prägende Erfahrung. Verfolgung, Entrechtung, Beleidigung, Beraubung, später die Ermordung seiner Eltern und seines Bruders – dieses Trauma wird er nicht verwinden, und das Gefühl der Bedrohtheit wird ihn nie mehr verlassen. Er wird es durch Leistung und Aggressivität zu kompensieren versuchen, er wird aus ihm sein Weltbild beziehen, aber verarbeiten wird er es nie, und deshalb bleibt es virulent: In der Autobiographie, die fünfzig Jahre nach Kriegsende entstand, sind des Autors Erregung und Verstörung noch unvermindert spürbar. Wir erleben mit ihm die Einweisung ins Getto, Schikanen, alltägliche Demütigungen, Mord, wir lesen von den Hungernden im Straßenbild, den Toten, die man morgens am Straßenrand fand, von Seuchen und Sadismus. Wir lesen, wie Marcel seine Tosia findet: Ihr Vater hat sich in einer Nachbarwohnung erhängt, Marcel nimmt sich, etwas ratlos zunächst, des Mädchens an. Sie bleiben zusammen. Als Dolmetscher in der Gettoverwaltung bekommt der junge Mann mit, wie die Vernichtung verwaltet wird. Er, der Beschäftigte, rettet Tosia durch Heirat vor dem Abtransport. Später, als Straße für Straße das Getto geräumt wird, zieht Tosia ihn in eine Seitengasse, und sie können fliehen. Sie tauchen in Warschau unter, ständig von Entlarvung bedroht, sie werden von Kriminellen erpresst und verbergen sich monatelang bei einem arbeitslosen polnischen

Setzer in einer Hütte auf dem Land, bis sie von der sowjetischen Armee befreit werden.

Wie wird das erzählt?

Der Autobiograph berichtet wenig über persönliche Dinge. Die Beschreibung von Nahestehenden und Leidensgenossen fällt dürr und unbeholfen aus, mit leeren Umschreibungen durchsetzt. Einige Beispiele.

Über Tosia, seine künftige Frau:

Sie konnte Deutsch, und die Literatur war ihr offenbar nicht gleichgültig. Das weckte mein Interesse, das sich vorerst noch in Grenzen hielt, das machte sie mir, neben anderen Umständen, sympathisch. (191)

Über Tosias Vater:

Obwohl still und zurückhaltend, obwohl von seinen Ellenbogen keinen Gebrauch machend, war er geschäftstüchtig. [...] Dennoch war sein Selbstbewußtsein nicht stark ausgeprägt – und vielleicht hing sein Tod damit zusammen. (195)

Über Emmanuel Ringelblum:

Ein stiller, unermüdlicher Organisator war er, ein kühler Historiker, ein leidenschaftlicher Archivar, ein erstaunlich beherrschter und zielbewußter Mann. (216)

Über Simon Pullmann:

Er war ein außergewöhnlicher Mensch: selbstbewußt und ehrgeizig, doch sehr still und zurückhaltend und immer besonders höflich. (221)

Über Czerniaków, den »faktischen Oberbürgermeister« (244) des Gettos, der im Juli 1942 Selbstmord beging:

Was immer Czerniaków vorgeworfen und angelastet wurde – selbst seine Gegner bestritten nicht, daß er,

mochte er ein wenig naiv sein, letztlich ein ehrlicher, ein
aufrechter, ein integrer Mann war. (247)

Weiter über Czerniaków:

Still und schlicht war er abgetreten. Nicht imstande, gegen
die Deutschen zu kämpfen, weigerte er sich, ihr Werkzeug
zu sein. Er war ein Mann mit Grundsätzen, ein Intellek-
tueller, der an hohe Ideale glaubte. Diesen Grundsätzen
wollte er auch noch in unmenschlicher Zeit und unter
kaum vorstellbaren Umständen treu bleiben. (251)

Auch diese Passagen charakterisieren niemanden. Sie bieten
aber einen Bewertungskatalog. Positiv besetzt sind die Eigenschaften »still und zurückhaltend«, »selbstbewusst«, »ehrgeizig«, »naiv«, »integer«, die sich einzeln oder kombiniert bei
fast allen von ihm geschätzten Menschen finden.

Situationen, vielleicht weil sie durch Adjektive schwerer zu
bewerten sind, kommen in der Erzählung seltener vor. Aber
einige gibt es. Ein entsetzliches, auch literarisch eindringliches
Beispiel ist Marcels Abschied von seinen Eltern. Marcel bringt
die beiden, die sich zu alt und müde fühlen, um sich zu verbergen, zum »Umschlagplatz« und zeigt ihnen, wo sie sich an-
stellen müssen zum Abtransport in die Vernichtung.

Mein Vater blickte mich ratlos an, meine Mutter war er-
staunlich ruhig. Sie war sorgfältig gekleidet: Sie trug einen
hellen Regenmantel, den sie aus Berlin mitgebracht hatte.
Ich wußte, daß ich sie zum letzten Mal sah. Und sehe sie
immer noch: meinen hilflosen Vater und meine Mutter in
dem schönen Trenchcoat aus einem Warenhaus unweit
der Berliner Gedächtniskirche. Die letzten Worte, die
Tosia von meiner Mutter gehört hat, lauten: »*Kümmere*
dich um Marcel.« (260)

Die Täter

Ein großer Teil des Gettoberichts ist den deutschen Tätern gewidmet. Einige Beispiele aus dem ersten Kapitel *Die Jagd ist ein Vergnügen*:

> *Kaum hatte sich Warschau ergeben, kaum war die Wehrmacht in die Stadt einmarschiert, da ging es gleich los, da begann schon das große Gaudium der Sieger, das unvergleichliche Vergnügen der Eroberer – die Jagd auf die Juden.* (178)

> *Die jungen Soldaten sahen […] zum ersten Mal in ihrem Leben orthodoxe Juden. Sympathien weckten diese unheimlichen Bewohner Warschaus bei ihnen nicht, vielmehr Abscheu und vielleicht Widerwillen. Aber die Soldaten mochten auch unbewußte Zufriedenheit empfinden, wenn nicht gar eine gewisse Genugtuung. Denn während sie zu Hause, in Stuttgart, Schweinfurt oder Stralsund, die Juden von den reinrassigen Deutschen, den Ariern, in der Regel nicht zu unterscheiden vermochten, konnten sie jetzt endlich jene sehen, die sie bisher nur als Karikaturen in deutschen Zeitungen kannten, zumal im Stürmer.*
>
> *Hier waren sie, die arglistigen und abstoßenden Feinde des deutschen Volkes […]. Jetzt begriffen die siegreichen Soldaten, was man ihnen seit Jahren erklärt und gepredigt hatte: Die vielen Juden auf den Straßen Warschaus – das waren die schrecklichen asiatischen Horden, die die Europäer bedrohten und die den Ariern, den Deutschen vor allem, nach dem Leben trachteten. […] Daß diese Untermenschen, die freilich eher einen ängstlichen als widerborstigen Eindruck machten, Waffen trugen, war sehr unwahrscheinlich, doch mußte es auf jeden Fall geprüft werden. […] Die Waffen, die die gutgelaunten Soldaten*

angeblich suchten, konnte man bei den frommen Juden,
wie sehr man sich auch bemühte, nicht finden. (179f)

Indes ging es nicht nur darum, die Juden zu berauben.
Sie, die Feinde des Deutschen Reiches, sollten auch be-
straft und erniedrigt werden. Das war nicht schwer zu
machen: Die Soldaten hatten bald gemerkt, daß man or-
thodoxe Juden besonders schmerzhaft demütigen konnte,
wenn man ihnen die Bärte abschnitt. [...] Beherzt schnit-
ten sie die langen Judenbärte ab, die sie bisweilen erst ein-
mal mit einer brennenden Zeitung anzündeten. (180)

Wenn Lappen zum Aufwischen des Fußbodens nicht zur
Hand waren, dann wurde den Jüdinnen, zumal den bes-
ser aussehenden, befohlen, ihre Schlüpfer auszuziehen.
Die ließen sich auch als Lappen verwenden. Für die Sol-
daten war das ein Heidenspaß [...] (181)

Diese Soldaten, die immer wieder Wohnungen von Juden
überfielen, wollten sich bereichern. Doch sollte man ein
anderes Motiv nicht unterschätzen: Sie taten etwas, was
ihnen augenscheinlich Freude bereitete. Zu dieser Ver-
gnügungssucht kam oft jene Neigung zum Sadismus
hinzu, die sie in der Heimat immer verbergen mußten
und die sie im feindlichen Polen, davon waren unzählige
Deutsche in Uniform überzeugt, nicht zu unterdrücken
brauchten: Hier hatten sie auf nichts und niemanden
Rücksicht zu nehmen, hier unterlagen sie keiner Aufsicht
und keiner Kontrolle. Anders als am Rhein oder Main
konnten sie endlich tun, wovon sie immer schon geträumt
hatten: die Sau rauslassen. (184)

Der Stoff löst Entsetzen aus ähnlich dem, das wir empfinden,
wenn wir über Greueltaten in Geschichtsbüchern oder in der
Zeitung lesen; wir möchten nicht glauben, zu welcher Grau-
samkeit Menschen fähig sind, und ein solcher kollektiver Ex-

zess der Brutalität ist doppelt bestürzend und beschämend. Das ist die emotionale Reaktion.

Beachten wir aber auch die literarische Deutung. Wie hat der Autobiograph diesen Stoff verarbeitet und gestaltet, welche Lösung intendiert er für sich selbst, welche Wirkung in der Öffentlichkeit?

Zunächst fällt auf, dass er weniger als Augenzeuge denn als eine Art Geschichtszeuge auftritt, der verschiedene Berichte und Beobachtungen wiedergibt. Woher er diese Details nimmt, teilt er nicht mit. Vieles ist dabei, das er nicht selbst erlebt hat, er gibt auch nicht vor, es erlebt zu haben. Anscheinend geht es ihm um Geschichtsdarstellung, nicht um seinen privaten Bericht. Deswegen sind alle diese Passagen in einem unpersönlichen bürokratischen Stil gehalten, der durchsetzt ist mit den uns schon bekannten Aufweichungen wie

Passivkonstruktionen:
»mußte es geprüft werden«, »wie sehr man sich auch bemühte«, »ging es darum«, »sollten liquidiert werden«, »die man gefunden hat«, »sollen befürchtet haben«
leeren Adverbien:
»vielmehr«, »vielleicht«, »nicht nur«, »angeblich«, »eine gewisse«, »nicht gerade«, »augenscheinlich«
vagen Mengenangaben:
»oft«, »unzählige«, »in der Mehrzahl«, »zum Teil«
pauschalierend bewertenden Adjektiven:
die »frommen Juden«, die »gutgelaunten Soldaten«
Mutmaßungen:
»mochten … empfinden«
und psychologischen Behauptungen:
»unvergleichliches Vergnügen«, »Heidenspaß«, schnitten »beherzt« die Bärte ab, »Sau rauslassen«

Der Autor selbst kommt nicht vor. Angestrebt scheint eine Darstellung, die über das Geschehen objektiv so informiert, dass sich eine bestimmte Deutung zwangsläufig ergibt.

Diese Deutung zielt, kurz gefasst, auf eine Erklärung des Geschehens durch den Täter(Volks)Charakter. Dieser Volkscharakter ist – wie jeder Volkscharakter – eine Abstraktion, die als erkannte Individualität ausgegeben wird, und dient nicht dem Gegenstand, sondern dem Betrachter. Marcel Reich-Ranickis Grundmodell für die zitierten Begebenheiten ist die sadistische Einzeltat, die aus niedriger Gesinnung bewusst vollzogen wird. Sie scheint für ihn der Code des Holocaust zu sein. Aus der massenhaft vollzogenen sadistischen Einzeltat schließt der Deuter den sadistischen Standardtäter, füllt diesen Typ mit eigenen Projektionen aus und präsentiert das Resultat als Tatsache: »Neigung zum Sadismus, die sie in der Heimat immer verbergen mußten«, »konnten endlich tun, wovon sie immer schon geträumt hatten«. Das erklärt zwei stilistische Eigenheiten. Zum Einen: Der psychologische Übergriff – dass die eigene Projektion als angeblich objektive Wahrheit ausgegeben wird – führt zur Trivialisierung. Zum Anderen: Die simple Deutung erzwingt eine oberflächliche Darstellung. Eine Erkenntnismöglichkeit ist auf dieser Grundlage nicht gegeben, der Leser kann die Deutung nur emotional übernehmen oder sich ihr widersetzen. Ich weise darauf hin, wie viel stärker und bewegender die unkommentierten Zeitdokumente in der Gedenkstätte im Berliner Haus der Wannseekonferenz wirken: Sie machen den Exzess der Unmenschlichkeit sichtbar, ohne eine Erklärung anzubieten. Das Rätsel dieses Exzesses stellt sich dem Betrachter dadurch unerbittlich.

Warum eigentlich prätendiert der Autobiograph Objektivität, anstatt seiner weiß Gott berechtigten Wut Ausdruck zu verleihen? Misstraut er der Wirksamkeit dieser Wut? Oder befriedigt er sie auf einem Umweg? Plausibel wäre folgende Interpretation: Die objektive Deklassierung des Täters stuft diesen wirksamer herab als eine subjektive Anklage. Nicht der Autobiograph *empfindet* dann die Täter als sadistisch, sondern sie *sind* es – statisch, grundsätzlich, genuin.

Was könnte der psychologische Gewinn einer solchen Deutung sein? (Das Wort »Gewinn« ist nicht zynisch gemeint: Jede

Deutung ist funktional, bei jedem Menschen. Sie hat die Aufgabe, seine Erlebnisse zu verarbeiten und in ein Selbstbild zu integrieren, mit dem er in der Welt besser besteht.)

Der Gewinn könnte unter anderem taktischer Art sein: des Autobiographen Leserschaft, die ja aus den Bösen hervorgegangen ist und die er immer noch fürchtet, wird substantiell disqualifiziert und so moralisch in Schach gehalten.

Ein weiteres mögliches Motiv wäre der »Distinktionsgewinn«: Die Dämonisierung des Täters wertet das Opfer auf, wie wir das schon bei Andersch gesehen haben, und rechtfertigt es über die unmittelbare Bedrohungssituation hinaus. Wenn alles Böse grundsätzlich beim Anderen liegt, ist man selbst grundsätzlich gut.

Weiterhin könnte die Deutung einem Ich-Ideal entspringen, das Hass und Rachsucht nicht billigt.

Die Motive schließen einander nicht aus. Eine starke Wurzel pauschaler Deutungen liegt wohl immer im Ich-Ideal, d.h. in der Wunschvorstellung, die der Deuter von sich selber hat. Aus der Grandiosität eines solchen Ideals kann man auf die Tiefe der Verletzungen schließen, die einer mit sich herumträgt, und wer sich selbst uneingeschränkt positiv beschreibt, meint in der Regel dieses Ideal. Marcel Reich-Ranicki schildert sich folgendermaßen:

> *Nicht Rachsucht trieb mich [1946] nach Berlin. […] ich war zum Haß nicht imstande – und ein klein wenig wundert mich das noch heute. […] Haß [war mir] immer schon fremd, und er ist mir fremd geblieben. Ich kann mich furchtbar aufregen […]. Aber richtig hassen, gar längere Zeit hassen – nein, das konnte ich nie, das kann ich auch heute nicht.* (317)

Direkt auf diese Erklärungen folgt der überraschende Satz: »Ich weiß, daß es keinen Grund gibt, darauf stolz zu sein.« Vielleicht soll dieser Satz die Glaubwürdigkeit des Autors erhöhen, denn ein Geständnis, auf das einer nicht stolz zu sein behauptet, wirkt besonders ehrlich. Aber ist er glaubwürdig, und handelt es sich überhaupt um ein Geständnis? Welchen Grund könnte Reich-Ranicki haben, auf solche Großmütigkeit nicht stolz zu sein? Hätte er sie, er wäre ein Heiliger.

Ist eine solche Analyse bei diesem Stoff legitim?

Ja, ich halte sie sogar für notwendig, weil Bewertung die Darstellung nicht ersetzen kann, wenn spätere Generationen etwas aus der Sache lernen sollen. Ich hoffe gezeigt zu haben, wie in Reich-Ranickis Sprache reales Trauma, seelische Störung und gelungene (subjektive) wie misslungene (objektive) Lösungsversuche unterscheidbar werden. Das Resultat der Betrachtung sollte nicht sein, den Deuter zu kritisieren, sondern ihn besser zu verstehen und in seiner schweren Verletztheit zu respektieren, ohne die diskursiven Defizite seiner Deutung zu übersehen.

Kurzer moralischer Exkurs

Ein paar schmerzhafte Fragen noch zum Stoff. Ich habe über die falsche Begründung einer Deutung gesprochen und ihre sprachlichen Folgen. Aber: Selbst wenn die Deutung falsch begründet war – ist sie deswegen *an sich* falsch? Sind solche Taten nicht wirklich bestialisch? Sind also die Täter es nicht auch? Welchen Grund sollte es geben, sie *nicht* substantiell zu disqualifizieren?

Zunächst: Die Deutung ist nur insofern irreführend, als sie Erklärungen zu haben behauptet, die sie nicht hat. Als Reaktion ist sie berechtigt. Die Taten sind entsetzlich und unverzeihlich. Sie sind eine Schande für uns bis ans Ende unserer Tage. Man muss die Täter für bestialisch halten.

Die substantielle Disqualifikation ist also nicht unverständlich. Sie ist nur als Dauer-These für Nachkommen der Täter unkreativ, weil sie die Vielschichtigkeit des Menschen ignoriert und seine ethischen Impulse nicht gelten lässt, nur weil sie oft unterliegen. Wenn ich nun meine, dass diese ethischen Impulse, also die Fähigkeit zu Erkenntnis, Mitgefühl und Vernunft, eher als die Bestialitätsthese dazu beitragen, weitere Exzesse dieser Art zu vermeiden, ist das freilich ebenfalls eine funktionale Deutung. Konkret sieht sie so aus, dass wir (Nachkommen) die höchst komplizierten historischen, wirtschaftlichen, sozialen, individuellen und psychischen Vorgänge und Verstrickungen, die zum »Dritten Reich« geführt haben, untersuchen und uns nicht durch einseitige Thesen blenden lassen sollten. Wer sich für genuin schlecht hält, kann sich nicht entwickeln, wer sich grundsätzlich gut findet, glaubt, nicht schuldig werden zu können. Der schleichende Prozess der Entmündigung, des Selbstbetrugs, des Opportunismus innerhalb einer unüberschaubaren historischen Situation, die materielle wie die narzisstische Verlockung – das ist zu erkennen, dem wäre zu widerstehen. Sadistische Neigungen in sich glorifiziert kaum einer, selbst wenn sie ihm bewusst sind. Auch Hitler und Goebbels haben sie verleugnet, sie operierten mit den Begriffen »Anstand«, »Pflicht« und »Heimat«. Die schlimmsten Gräuel geschehen im Wahn, für »das Gute« zu kämpfen, »im Recht«, mehr wert zu sein als andere.

Nachkriegszeit (1944-58)

Im Herbst 1944 werden Marcel und Tosia von sowjetischen Soldaten aus ihrem Versteck in der Nähe von Warschau erlöst. Sie sind »frei, aber schwach und elend, dreckig und verlaust und in schmutzige Lumpen gehüllt« (297). Sie haben Hunger. Auch Schuldgefühle quälen sie.

> *Zwar haben wir es damals noch nicht gewußt, aber wohl schon geahnt: Wer zufällig verschont wurde, während man die Seinen gemordet hat, kann nicht in Frieden mit sich selber leben.* (303)

Auf einem Lastwagen fahren sie nach Lublin, im Osten Polens. Marcel schließt sich einer sowjetischen Propaganda-Einheit an, froh über das Auskommen und dankbar gegenüber der Armee, die ihn befreit hat. In einem ostpolnischen Dorf arbeitet er für die militärische Postzensur und wird bald zum Inspektor befördert. Tosia wird Oberzensorin. Sie überprüfen die Korrespondenz der polnischen Soldaten auf politische Korrektheit und rätseln über geheimnisvolle Formulierungen in den Briefen weiblicher Armeeangehöriger wie etwa: »Mein Indianer kommt nicht« oder »Ich bin sehr unruhig, denn der Chinese läßt sich nicht blicken«. »Nach langwierigen Bemühungen« finden sie heraus, dass hier jeweils die ausbleibende Monatsblutung gemeint ist. »Man könnte meinen, das größte Geheimnis der polnischen Armee sei die Menstruation« (310). Ein Fehler in der Außenbeobachtung: Es ging nicht um die Lappalie Menstruation, sondern um das Problem Schwangerschaft. Die verächtliche Formulierung mag bedeuten, dass der junge Inspektor von seinem Beruf enttäuscht war.

> *Dies habe ich damals gelernt: Die von Geheimnissen umwitterten Institutionen verdanken ihren Ruf in der Regel den Legenden, die über sie verbreitet werden und die sie selbst in Umlauf bringen. Lernt man sie von innen kennen, enttäuschen sie immer. Letztlich wird überall nur mit Wasser gekocht.* (310)

Das junge Paar hat aber keine andere Perspektive. Also arbeitet Marcel Reich fleißig und macht Karriere. Nach wenigen Monaten schon zieht er aus der Provinz nach Warschau, wo ihm ein »leitende[r] Posten in der Auslands-Postzensur« (311) zugewiesen wird. Inzwischen hat er eine Geheimhaltungserklärung unterschrieben, für ihn eine »bürokratische Angelegenheit« (311) ohne Bedeutung: Er ist Mitarbeiter des Ministeriums für Öffentliche Sicherheit und nennt sich nun, dem patriotischen Rat eines Vorgesetzten folgend, Ranicki statt Reich. Ein Major des polnischen Geheimdienstes fördert den sprachkundigen jungen Mann und schickt ihn im Winter 1946 nach Berlin. Was Marcel dort soll, erfährt er nicht. Drei Monate verbringt er ratlos und erschüttert in der Stadt seiner Jugend, sucht vergeblich seine Schulfreunde und tröstet sich wie früher durch tägliche Theaterbesuche über seine Einsamkeit hinweg. Ihm scheint bereits, der Geheimdienst habe ihn »vergessen« (319), da wird er nach Warschau zurückgerufen. Nun wartet eine wirklich anspruchsvolle Tätigkeit auf ihn: Als Konsulatsangestellter in London soll er die Aktivitäten der polnischen Emigration beobachten. Warum man ihm das zutraut, kann er sich nicht erklären. Sein Qualifikationsnachweis besteht darin, dass er einem sowjetischen Offizier »wortreich« (321) erzählt, was er in Spionageromanen und Reportagen gelesen hat.

Er glaubt aber an den Kommunismus und ist auch Mitglied der Partei.

> *Tosia und ich, wir verdankten unser Leben unzweifelhaft der Roten Armee. [...] Aber mich hat [auch] die Möglichkeit fasziniert, an einer weltweiten, einer universalen Bewegung teilzunehmen, einer Bewegung, von der sich unzählige Menschen die Lösung der großen Probleme der Menschheit versprachen. Ich glaubte, endlich gefunden zu haben, was ich schon lange benötigte: eine Zuflucht, wenn nicht gar, das Wort läßt sich schwer vermeiden, Geborgenheit.* (323)

Von 1948 bis 1950 führt er zusammen mit Tosia in London ein vergleichsweise »luxuriöses« Leben in einer »gut ausgestattete[n], geräumige[n] Wohnung«, mit einem »ziemlich großen amerikanischen Wagen« (325). Sie besuchen Theater, Oper, Konzerte, fahren »mitunter für ein Wochenende nach Paris« und verbringen den Urlaub in der Schweiz, einmal auch in Italien. »Wir waren privilegiert.« (326) Begonnen hat er als Vize-Konsul, bald übernimmt er die Leitung des Konsulats und beaufsichtigt vierzig Angestellte.

Mit meinen 28 Jahren war ich der jüngste Konsul in London. Das Amt funktionierte tadellos. [...] Und der Geheimdienst? Ich will die wahrscheinlich enttäuschende Wahrheit bekennen: Ich habe weder einen künstlichen Bart gehabt noch ein Toupet. (326)

Eigentlich ist er nur da, die Berichte einiger Mitarbeiter, »meist arbeitslose[r] oder pensionierte[r] Journalisten«, über die polnische Emigration nach Warschau weiterzuleiten: »Meist belanglose Vorkommnisse jeglicher Art. [...] Das Echo, das aus der Zentrale kam, war spärlich« (326). Das Ende dieses angenehmen Lebens bringt schließlich der Stalinismus: Auch in den »Ostblockländern« gibt es nun Schauprozesse nach Moskauer Muster, »bei manchen [...] waren die antisemitischen Akzente unverkennbar« (329). Eine gute Freundin aus der Londoner polnischen Botschaft wird während eines Warschau-Urlaubs verhaftet. Auch die Ranickis fürchten sich. Schließlich wird die Familie – in London haben Tosia und Marcel einen Sohn bekommen – nach Warschau zurückbeordert.

Daß es mir nach der Rückkehr nicht gut ergehen werde, war sicher. Aber es kam härter, als ich dachte. Ich wurde innerhalb von wenigen Wochen sowohl aus dem Außenministerium als auch aus dem Sicherheitsministerium entlassen. Und ich landete in einer Einzelzelle. Aber man tat mir dort nichts, man verhörte mich auch nicht. Ich saß und wartete, und ich hatte Zeit genug, um nachzudenken. [...]
  Mit meinen 29 Jahren hatte ich schon sehr viel erlebt. [...] Meine politische Karriere war endgültig gescheitert – und mit gutem Grund. Was sollte ich, der ich keinen Beruf erlernt hatte, jetzt tun? Ich stand, nicht zum ersten Mal in meinem noch nicht langen Leben, vor dem Nichts. (330f)

Aber in seiner Zelle darf er lesen. Tosia bringt ihm das *Siebte Kreuz* von Anna Seghers mit, er bietet »seine ganze Energie auf«, um von der Gefängnisleitung »eine größere Glühbirne zu bekommen«, und hat Erfolg. Die Lektüre infiziert ihn wieder mit der Liebe zur Literatur. Und als er nach zwei Wochen aus dem Gefängnis entlassen wird, beginnt er seine zweite Karriere als Literaturkritiker. Er schreibt über die polnische Übersetzung eines deutschen Buches eine Rezension, die »zu meiner Überraschung« (336) prompt gedruckt wird, und erhält weitere Aufträge; er bittet nach einiger Zeit um Aufnahme in den Schriftstellerverband und wird »sofort aufgenommen« (350). Dann aber, 1952/53, bekommt er Schwierigkeiten, die ihn ebenso überraschen: Seine Rezensionen werden nicht mehr gedruckt.

Ich war angeklagt, konnte aber nicht erfahren, weshalb man mich angeklagt hatte. Ich war verurteilt, wußte aber nicht, wer mich verurteilt hatte. Ich hatte mir nicht träumen lassen, daß ich je in eine Situation geraten könne, die an jene des Josef K. in Kafkas Prozeß erinnerte. (352)

Nach Stalins Tod 1953 wird das Publikationsverbot ohne Erklärung wieder aufgehoben. »So war es eben in Polen in der stalinistischen Zeit« (357). Nun darf er sich sogar mit westlicher Literatur befassen und ins westliche Ausland reisen. Er knüpft Kontakte mit deutschen Autoren. »Es ging mir also damals nicht schlecht: Man hat mich weder diskriminiert noch schikaniert.« (371)
Zehn Zeilen später:

Aber das Klima in Polen wurde unheimlich, zumal für die Juden. So klein ihre Zahl im Vergleich zur Vorkriegszeit auch war, so hatten sie doch im öffentlichen Leben des kommunistischen Polen eine große Rolle gespielt. Jetzt, da die Partei (nicht zuletzt unter sowjetischem Druck) bemüht war, die Anhänger und Vorkämpfer des »Tauwetters« im Zaume zu halten, brauchte man Sündenböcke. (372)

1958 setzt sich Marcel Ranicki mit seiner Familie in den Westen ab.

Das alles ist höchst vage: Wieder kombiniert der Autor wenig Information mit viel Emotion. Man erfährt, dass es mit Marcel mehrmals steil hinauf und hinab ging, warum, bleibt offen. Der Leser teilt dadurch das Erstaunen des Autobiographen, dem ebenso unerklärlich ist, was mit ihm geschieht. Wenn es hinauf geht, wundert er sich, wenn es hinab geht, fühlt er sich wie Kafkas Josef K.: Die normalen menschlichen (charakterlichen, gruppendynamischen, sozialen) Konflikte, die es in allen Institutionen und Hierarchien gibt, erwähnt er nicht; er stellt sich als passiv dar, als bildungsbeflissenen Kulturbürger, der undurchsichtigen anonymen Mächten ausgeliefert ist. Für das Scheitern seiner Diplomaten-Karriere beruft er sich auf einen »guten« Grund, den er nicht nennt. Dennoch klagt er nicht an. Den bürokratischen Stil hat er, da er für diese Episode keine »objektive« Geschichtsdarstellung anstrebt, weitgehend durch einen freundlich-unverbindlichen, bagatellisierenden Märchenton ersetzt: »Also bat ich, unsicher und ein wenig ängstlich, um Aufnahme in den Schriftstellerverband. Meine Überraschung war groß: Ich wurde sofort aufgenommen.« (350) Die Geheimdiensttätigkeit schildert er als eine Art Kinderspiel, seinen beruflichen Aufstieg in diesem Milieu als Zufall: Als Zensor hat er hauptsächlich Menstruationsdaten ausgewertet. Befördert wurde er, weil er im Gegensatz zu den meisten polnischen Offizieren Abitur hatte. Nach Berlin schickte man ihn wegen seiner Sprach- und Landeskenntnis. Und so fort. Auch Einbrüche referiert er gelassen. Er »landet« zwar mal plötzlich »in einer Einzelzelle«, »aber man tat mir dort nichts« (331). Seine Harmlosigkeit belegt er durch Scheingeständnisse, die nichts aussagen: »Dies habe ich damals gelernt: [...] Letztlich wird überall nur mit Wasser gekocht.« (310) »Ich will die wahrscheinlich enttäuschende Wahrheit bekennen: Ich habe weder einen künstlichen Bart gehabt noch ein Toupet.« (326) Auch einfältigen Lesern dürfte klar sein, dass künstliche Bärte nicht zur Dienstkleidung von Konsuln gehören, aber das »Bekenntnis« einer »enttäuschenden Wahrheit« scheint die Glaubwürdigkeit des Berichts zu bezeugen. Übrigens ist die Deutung charakteristisch: Ehemals mächtige Funktionäre eines in Verruf geratenen Systems betonen fast immer die Harmlosigkeit ihrer ehemaligen Macht.

Hier nach einer zugrundeliegenden Realität zu schürfen, scheint müßig. Man wundert sich zwar, dass ein verträumter berufsloser Twen, nachdem er drei Monate lang in Berlin Theater besucht hat, auf einmal zum Vizekonsul in London mit Dienstwohnung und Limousine befördert wird, denn eine solche Elitestelle hatte damals im zerstörten Warschau sicher viele, auch unzimperliche Bewerber, und Marcel muss sich gegen Konkurrenz durchgesetzt haben. Aber er muss deswegen kein Gauner oder Intrigant gewesen sein: Verschleiern und Bagatellisieren muss nicht auf etwas objektiv Ehrenrühriges hinweisen, es kann auch einem subjektiven Wertsystem entspringen, das etwa »Ehrgeiz« nicht billigt. Die erzählerische Konsequenz ist dieselbe: Wer etwas verbergen will, kann es nicht erzählen. Er kann nur erklären, wie er gesehen werden will.

Literaturpapst

In Deutschland erfüllt sich der Lebenstraum des Autobiographen: Er wird Literaturkritiker. Dieses unverfängliche zivile Leben schildert er weniger kryptisch.

Was passiert äußerlich? Der Autobiograph macht rasch Karriere. Seine beiden Nachnamen hat er kombiniert, er heißt nun Reich-Ranicki. Nach wenigen Monaten als freier Rezensent bekommt er eine feste Anstellung beim Feuilleton der *Zeit* in Hamburg. Seine unkonventionellen, leidenschaftlichen Buchbesprechungen wecken Interesse auch bei Lesern, die sich bisher von der akademischen Feuilleton-Langeweile haben abschrecken lassen. Schon 1960, nach nur zwei Jahren in der Bundesrepublik, wird er »in einer Umfrage zu den ›führenden

Buchkritikern‹ der deutschsprachigen Welt gezählt« (431). Schon sein erstes Buch *Deutsche Literatur in Ost und West* (1963) erhält starkes Echo, das zweite, die Anthologie *Erfundene Wahrheit* (1965) steht monatelang auf der Bestsellerliste. Alle folgenden (u.a. *Lauter Verrisse, Über Ruhestörer. Juden in der deutschen Literatur, Zur Literatur der DDR, Thomas Mann und die Seinen*) erleben mehrere Auflagen. 1973, »fünfzehn Jahre nach meiner Rückkehr«, wird er Leiter der *FAZ*-Literaturredaktion, »vielleicht der wichtigste« Posten im literarischen Leben Deutschlands (480). Marcel Reich-Ranicki macht die DDR-Literatur in Westdeutschland bekannt, setzt sich für polnische Literatur ein, schärft mit seiner *Frankfurter Anthologie* die Wahrnehmung seines Publikums für Lyrik. Schließlich gründet er das *Literarische Quartett*, mit dem er die Literatur fernsehfähig macht. Er wird der erfolg- und einflussreichste Literaturkritiker Nachkriegsdeutschlands.

Diese jahrzehntelange Erfolgsstory spielt über einem Liegeakkord aus Einsamkeit, Isolation und Kränkungen. Er sucht eine Heimat und findet sie nicht; er will Ehrung und bekommt sie nicht, jedenfalls nicht genug; als man ihn »Großkritiker« und »Literaturpapst« nennt, ist er »keineswegs sicher, ob es sich hierbei um respektvoll-freundliche Bezeichnungen handelt oder doch eher um böse, höhnische Schmähworte« (490). »Es stimmt schon: Ich habe mich bemüht, soviel Macht in meinen Händen zu konzentrieren, wie ich es für nötig [!] hielt«, allerdings: Geschah das nicht nur »zugunsten der Literatur« (491)?

Die Umwelt bleibt für ihn feindselig, und er findet eine Erklärung: Antisemitismus. Als er Hans Werner Richters Worte liest: »[Reich-Ranicki] blieb [in der Gruppe 47] irgendwie ein Außenseiter […]. Ich kann nicht erklären, warum das so war oder warum ich es so empfunden habe«, fragt der Autobiograph rhetorisch: »Konnte er es wirklich nicht erklären?« (410), und antwortet: »[Richters] Verhältnis zu Juden war auch vierzig Jahre nach dem Ende des Zweiten Weltkriegs befangen und verkrampft« (411). Als 1959 die *Frankfurter Allgemeine*

Zeitung auf Marcel Reich-Ranickis weitere Mitarbeit verzichtet, wird ihm der Ausspruch des *FAZ*-Feuilletonchefs Sieburg hinterbracht: »Machen Sie sich keine Sorgen um ihn [Reich-Ranicki]. Solche Herrn haben ja Ellenbogen.« – »Solche Herrn – was war damit wohl gemeint?« (429) Bei der *Zeit*, bei der er bald fester Mitarbeiter wird, darf er zwar schreiben, worüber er will und soviel er will, aber man lädt ihn nicht zu den Redaktionskonferenzen.

> *Wonach ich mich so sehnte, das hatte ich gefunden: eine Heimstätte – allerdings nur für meine Arbeit, nicht für meine Person: Ich wurde ausgegrenzt, ich fühlte mich ausgeschlossen – und je länger und erfolgreicher ich für die Zeit schrieb, desto mehr steigerte sich dieses Gefühl. Ich saß isoliert und vereinsamt in unserer kleinen Wohnung im Hamburger Vorort Niendorf und produzierte ein Manuskript nach dem anderen. […] Aber mein Kontakt zur Welt ging nur selten über Telefongespräche hinaus.* (468)

Jahre später findet er in einer Festschrift zum 50. Geburtstag der *Zeit* die Erklärung: Zu den Redaktionskonferenzen sei er deshalb nicht eingeladen worden, weil die Redakteure des Feuilletons »größte Bedenken« [hatten], ›ob sie einen so machtbewußten, rabulistischen Mann aushalten würden‹« (472). Er »erschrak«, denn das Wort »Rabulistik« kannte er bisher vor allem als antisemitischen Begriff der nationalsozialistischen Kampfpresse. Das Wort »machtbewusst« kommentiert er nicht. Seine Einsamkeit hat er nicht zu verantworten, folgert er.

Als er 1972 die Ehrendoktorwürde der Universität Uppsala erhält mit Glockengeläut, Kanonenschüssen und Lorbeerkranz, denkt er »darüber nach, daß ich für Verdienste um die westdeutsche Literatur (das war die offizielle Begründung) nicht von einer deutschen, sondern von einer schwedischen Universität geehrt wurde.« (473)

1973 erhält er »endlich« einen reellen »Posten im literarischen Leben Deutschlands«. Nun, als leitender Literaturre-

dakteur bei der *FAZ*, darf er auch an den großen Redaktionskonferenzen teilnehmen. Aber er langweilt sich und hat das
Gefühl, nichts zu bewirken (495f). Schließlich bleibt er fort in
der Annahme, dass man ihn zurückholen werde. Doch das geschieht nicht. Wieder fühlt er sich ausgeschlossen:

> *Die Herausgeber [...] waren, allem Anschein nach, zu-*
> *frieden, daß sie meine Fragen nicht zu beantworten*
> *brauchten: Man hatte sich eines Ruhestörers entledigt.*
> (496)

Seine Freunde enttäuschen ihn. Joachim Fest, Mitherausgeber
der *Frankfurter Allgemeinen Zeitung*, holt ihn zwar 1973 als
allein zuständigen Redakteur für »Literatur und Literarisches
Leben« nach Frankfurt, hat aber keine »Bedenken«, ihn im
gleichen Jahr zur Buchpräsentation einer Hitler-Monographie
zu laden, bei der Reich-Ranicki dem Kriegsverbrecher Albert
Speer vorgestellt wird (481f). Was tut Reich-Ranicki?

> *Habe ich den Massenmörder, der hier respektvoll über sei-*
> *nen Führer scherzte, angeschrieen und zur Ordnung ge-*
> *rufen? Nein, ich habe nichts getan, ich habe entsetzt*
> *geschwiegen.* (482)

Er verließ auch nicht die Party. Wie alle Menschen, die großen
Wert auf ihre Karriere legen, machte er gute Miene und setzte
sich mit dem Massenmörder an einen Tisch, und offenbar hat
er auch nicht nur »entsetzt geschwiegen«, denn »was immer
ich äußerte, Speer nickte mir zustimmend und freundlich zu.«
(481). Was mag er geäußert haben?
    Erst 26 Jahre später, als Fest nicht mehr sein Chef ist, ver-
leiht er seiner Empörung öffentlich Ausdruck. Er erklärt sie
sich damit, dass »Fest ein Mensch ist, dessen Ichbezogenheit
und Eigenliebe in Selbstsucht, bisweilen sogar in Hartherzig-
keit übergehen und häufig den Mangel an tieferem Interesse
für andere Menschen zur Folge haben.« (482)

Der wichtigste Freund Marcel Reich-Ranickis war wohl Walter Jens, der Tübinger Rhetorikprofessor. Dreißig Jahre lang telefonierten sie wöchentlich, zeitweise täglich miteinander, dann zerbrach die Freundschaft aus Gründen, die der Autobiograph nicht nennt. Betrachten wir kurz seine Darstellung dieser Freundschaft. Was führte die beiden zusammen? Marcel Reich-Ranicki war einsam,

> *zu einem monologischen Dasein verurteilt: Auf Lesen folgte Schreiben, auf Schreiben Lesen. Der kollegiale Kontakt, den ich so gut wie überhaupt nicht hatte, die kollegialen Ratschläge [...], die freundschaftlichen Warnungen und Ermutigungen [...] – das alles fand ich in den Telefongesprächen mit Walter Jens.* (421)

Ein aussagefähige Formulierung: Den kollegialen Kontakt, den er so gut wie überhaupt nicht hatte, fand er in den Telefongesprächen mit Walter Jens.

Und Walter Jens? »Nein, er war in Tübingen keineswegs isoliert. Dennoch ist die Vermutung so ganz abwegig nicht, daß er auch dort [...] etwas einsam war.« (422)

Inzwischen wissen wir, dass die Porträts des Autobiographen mehr von Projektionen als von Beobachtung bestimmt sind. Er ahnt es und macht eine Regel daraus: »Wer über andere Menschen schreibt, kann es gar nicht verhindern, dass er zugleich auch über sich selbst schreibt.« (436) Das ist richtig. Allerdings kann man in sehr unterschiedlichem Maß über sich selbst schreiben: Homer oder Shakespeare zum Beispiel treten völlig hinter ihre Geschichten zurück, ihre Personen scheinen selbst zu »leben«, während man über die Autoren fast nichts weiß. Marcel Reich-Ranicki steht am anderen Ende dieser Skala, und so gesehen hat seine Darstellung des Walter Jens etwas Herzzerreißendes:

Jens interessierte sich beinahe immer für andere Menschen. Aber in der »Gruppe 47« wie auch später in anderen Kreisen und Milieus war er so sehr mit sich selbst beschäftigt, daß er das Verhältnis der Umwelt zu ihm in der Regel eher flüchtig wahrnahm und sich in dieser Hinsicht oft Illusionen machte. [...] Nicht selten glaubte er von Menschen geschätzt zu werden, deren Urteil über ihn keineswegs günstig war. (419f)

»Ich kann dem Leben in seiner Buntheit nicht gerecht werden. Mir fehlt ein Sinn für Realität im weitesten Sinn.« Damit hat Jens zugleich gesagt, was seinen Romanen und Erzählungen [...] fehlt: Das Leben in seiner Buntheit. (422)

Gelegentlich zitierte ich in unseren Gesprächen Mephistos Empfehlung: »Grau, teurer Freund, ist alle Theorie / Und grün des Lebens goldner Baum.« Er stimmte zu, gewiß, doch war und ist er vor allem ein Mann der Theorie, wie grau sie auch sein mochte. (425)

Was zum Wesen und Charakter eines jeden Schriftstellers gehört, wurde bei ihm, Walter Jens, von Anfang an systematisch entwickelt und konsequent angetrieben: ein Geltungsbedürfnis, das in Geltungssucht übergehen kann. [...] [Die extreme Geltungssucht] war beides zugleich und ist es noch heute – seines Daseins Glück und Unglück. (418f)

Das Ende dieser Freundschaft trifft ihn, seinen dramatischen Worten nach zu urteilen, schwer: »[...] jene, die zu ihrer [der Freundschaft] Zerstörung grausam beigetragen haben, mögen dies mit ihrem Gewissen abmachen« (426).
Er selbst fühlt sich unschuldig.

Und was auch in meinem Leben geschehen ist, welches
Unrecht mir auch angetan wurde, ich habe niemals einen
Menschen, der sich mit mir versöhnen wollte, zurückge-
wiesen. Das Gegenteil hat sich leider oft ereignet. (317)

Dass er selbst jemandem Unrecht getan haben könnte – nicht
weil er Marcel Reich-Ranicki ist, sondern weil alle Menschen
das tun –, zieht er nicht in Betracht. Ebensowenig, dass letztlich immer nur Freunde selbst ihre Freundschaften beenden
können. Auf dem Umweg über die Literatur immerhin nimmt
er entsprechende Einsichten wahr. Am Ende des Kapitels
»Walter Jens oder Die Freundschaft« zitiert er, was Max Frisch
über sich und Ingeborg Bachmann schrieb: »Das Ende haben
wir nicht gut bestanden, beide nicht.« (426)

Der Kritiker und die Schriftsteller

Im Laufe seiner Karriere hat Marcel Reich-Ranicki fast alle
Protagonisten der deutschen Literaturszene kennengelernt. So
ist es verständlich, dass er sie beschreibt. Im folgenden ein kur-
zer Katalog seiner Stilmittel und Akzente. Die auch hier sich
häufenden Aufweichungen durch ungenaue Zeit- und Mengenangaben, leere Adverbien und Umschreibungen mache ich
in diesem Abschnitt durch Nicht-Kursivierung kenntlich.

Erstens: Literarische Anleihe.
  Über Stanislaw Jerzy Lec, den Lyriker und Aphoristiker:
    Er war ein Poet und ein Schalk, ein Meister mit der Nar-
    renkappe. Er war ein Bursche von unendlichem Humor,
    voll von den herrlichsten Einfällen – wie der arme Yorick,
    der königliche Spaßmacher, dessen Totenschädel Hamlet
    zu Tränen rührte. (303 – nicht gekennzeichnetes Zitat aus
    Hamlet[39])

Zweitens: Psychologisierende Adjektive.

Über Wolfgang Koeppen:

Aggressiv war der Schriftsteller, mit dem ich den Abend verbrachte, am allerwenigsten, auch nicht *selbstsicher,* eher etwas *schüchtern,* wenn nicht *gehemmt,* sehr *freundlich und verbindlich,* auffallend *leise und liebenswürdig.* (499)

Über die Dichterin Ingeborg Bachmann:

Sie war eine trotz ihrer Erfolge sehr *unsichere und* in mancher Hinsicht *gefährdete, eine unglückliche Person, die in der Verstellung Schutz suchte.* (415)

Drittens: Reportage.

Im Dezember 1968 traf ich [Ingeborg Bachmann] in Rom. […] An unsere Gespräche kann ich mich sonderbarerweise *nicht erinnern,* wohl aber *an ihr Aussehen. Ingeborg Bachmann war* deutlich *gealtert, ihr Gesicht schien von einer Krankheit gezeichnet. Sie trug ein helles, etwas extravagantes,* angeblich sehr *teures Kleid, das mir* etwas *zu kurz vorkam. Sie sprach nachdenklich und* durchaus *vernünftig. Doch war ihre Selbstkontrolle* ein wenig *beeinträchtigt.* (415f)

Diese Journalistin [Ulrike Meinhof], vermutlich noch *keine dreißig Jahre alt, war* keineswegs besonders *schön, aber* nicht ohne Reiz. (459)

Viertens: Klatsch. Der folgende Absatz ist kein Auszug aus einem längeren Porträt, sondern das ganze Porträt:

[Joachim Kaiser] hat mich sofort verstanden – und ich ihn ebenfalls. Wir kannten uns kaum zehn Minuten und konnten miteinander reden, als kennten wir uns schon zehn Jahre lang, das heißt: Mit raschen Kurzformeln, mit solchen, die man in der Öffentlichkeit lieber *vermeiden sollte, weil sie* meist *Mißdeutungen provozieren. Kaiser hatte schon damals einen schlechten Ruf: Er sei,* wurde ich

von einem Kollegen gewarnt, ungewöhnlich *eitel,* höchst *arrogant und* schrecklich *besserwisserisch. Ein typischer Kritiker, dachte ich,* offenbar *ein besonders einflußreicher. Als wir im Hessischen Rundfunk plauderten, war er* noch keine *dreißig Jahre alt, und doch hatte er schon die Erfahrung gemacht, daß der Erfolg den Neid weckt und der Ruhm den Zweifel. Im Laufe der Jahre und Jahrzehnte wurde Kaiser mit* immer mehr *Neid und* immer mehr *Mißgunst bedacht. Aber auch Anerkennung wurde ihm reichlich zuteil: Er ist der am häufigsten plagiierte Musikkritiker Mitteleuropas.* (379f)

Fünftens: Rivalität.

Ich glaube, [Siegfried] Unseld ißt gern Kirschen. Auch ich liebe Kirschen. Aber bisweilen, *meint Unseld, fürchte ich, mit mir Kirschen zu essen sei nicht gut.* Gelegentlich *bin ich der Ansicht, es sei schwer mit ihm auszukommen. Die Verständigung zwischen uns mag die Tatsache beeinträchtigen, daß unsere Interessen* zwar nahe beieinander *liegen und sich doch unterscheiden: Meine Passion ist die Literatur, die seinige das Buch.* Wahrscheinlich *ist er der größte Verleger, den das literarische Leben Deutschlands in diesem Jahrhundert hatte und hat. Aber große, erfolgreiche Verleger sind* nicht immer unbedingt *sympathische Figuren und können es* wohl *nicht sein.* (379)

Sechstens: Ranglistenspiele.

Daß [Elias] Canettis Autobiographie dank ihrer literarischen Kultur und menschlichen Reife die meisten, ja beinahe alle *Bücher, die in jener Zeit in deutscher Sprache veröffentlicht wurden,* weit hinter sich *ließ, habe ich in* diesen Kritiken natürlich gesagt.

Doch schien es mir bedenklich, daß Canetti dem Bedürfnis, die eigene Vergangenheit zu stilisieren und sich eine private Mythologie zu schaffen, offenbar nicht den geringsten *Widerstand leistete.* (453)

Oberflächlicher kann man kaum erzählen. Keines dieser Porträts (von einem besseren wird später die Rede sein) macht den Porträtierten sichtbar. Wer Hamlet liest, kennt Yorick, aber nicht Lec. Dass Wolfgang Koeppen »am allerwenigsten aggressiv« und Ingeborg Bachmann »in mancher Hinsicht gefährdet« war, weiß der Kenner der Literaturgeschichte ohnehin, dem Nichtkenner sagt es wenig. »Keineswegs besonders schön, aber nicht ohne Reiz« sind viele Frauen unter Dreißig. Dass Ruhm Neid weckt und erfolgreiche Geschäftsleute »nicht immer unbedingt sympathische Figuren« sind, ist ein Gemeinplatz, der nichts über die Personen Joachim Kaiser und Siegfried Unseld sagt. Inkonsistente Wahrnehmung zeigt sich auch in widersprüchlichen Aussagen, die unmittelbar aufeinander folgen: »Sie sprach nachdenklich und durchaus vernünftig. Doch war ihre Selbstkontrolle ein wenig beeinträchtigt.« Dasselbe gilt für Canettis »menschliche Reife«, zu der ungehemmte Selbststilisierung wenig passt. Begründungen sind meist fadenscheinig: »Die Verständigung zwischen uns mag die Tatsache beeinträchtigen, daß unsere Interessen zwar nahe beieinander liegen und sich doch unterscheiden« – nun. Ich denke, der Kritiker Marcel Reich-Ranicki hätte solche Sätze jedem Autor um die Ohren geschlagen.

Ungenaue Wahrnehmung, vor allem in Kombination mit Wertungsdrang, verleitet zu Verallgemeinerungen und Abstraktionen. Einige Beispiele.

Ich habe noch nie einen Schriftsteller kennengelernt, der nicht eitel und nicht egozentrisch gewesen wäre – es sei denn, es war ein besonders schlechter Autor. (305)

Was habe ich aus dem Gespräch mit Anna Seghers gelernt? Daß die meisten Schriftsteller von der Literatur nicht mehr verstehen als die Vögel von der Ornithologie. Und daß sie am wenigsten ihre eigenen Werke zu beurteilen imstande sind. Denn in der Regel wissen sie zwar, was sie ungefähr zeigen und verdeutlichen, erreichen und

bewirken wollten. Dieses Wissen trübt ihren Blick auf das,
was sie tatsächlich geleistet und geschaffen haben. (343)

Ich habe viel von Böll gelernt – auch die simple Einsicht,
daß es zwischen einem Autor und einem Kritiker Frieden
oder gar Freundschaft nur dann geben kann, wenn der
Kritiker niemals über die Bücher dieses Autors schreibt,
und wenn dieser sich damit ein für allemal abfindet. (368)

Daß Schriftsteller schwierige Menschen mit ausgeprägten
individualistischen, häufig anarchischen Neigungen sind,
war mir längst bekannt. Meist ist es vergeblich, sie unter
einen Hut bringen zu wollen. Nichts verabscheuen sie
mehr als die Auftritte von Kollegen, die vortragen, was
sie verfertigt haben. (405)

Denn die meisten Schriftsteller sind in einer Krise oder
haben gerade eine Krise überwunden oder befürchten
eine Krise. Daher genießen sie die Krise eines Kollegen
beinahe wollüstig. (416)

Diese Aussagen – tendenziell andere habe ich nicht gefunden
– fassen die Erkenntnisse des siebzigjährigen Kritikers über die
Autorenspezies zusammen. Autoren werden von Laien gelegentlich darauf angesprochen, deswegen seien sie kurz diskutiert. Ist was dran? Wie kann – unser Thema! – ein Leser, der
selbst kein Autor ist, das an der Form erkennen?

Formal hat jede dieser Aussagen einen manipulativen Kern.

Scheinalternative. »Nie einen Schriftsteller kennengelernt,
der nicht eitel […] gewesen wäre – es sei denn, es war ein besonders schlechter Autor«: Das teilt die Autoren scheinbar
zwingend in zwei Lager auf. Schriftsteller, die weder »eitel«
noch »besonders schlecht« sind, gibt es nicht.

Scheinautorität. »Von Anna Seghers gelernt«, »von Böll gelernt« gibt eine Privatmeinung des Kritikers als Lehre be-

rühmter Künstler aus, wobei pikanterweise diese Meinung die Künstler noch entwertet.

Scheinbeweis: »Von Anna Seghers gelernt, daß die meisten Schriftsteller [...]« zieht einen willkürlichen Schluss von der Einzelperson auf die Gattung. Ein Äquivalent auf gleichem Niveau wäre der Satz: »Von Lady Diana habe ich gelernt, dass die meisten Prinzessinnen Essstörungen haben.«

Scheinbescheidenheit. Wie kann man eine »Einsicht« »lernen«?

Falsche Analogie: Dass »die meisten Schriftsteller von der Literatur nicht mehr [verstehen] als die Vögel von der Ornithologie«, schließt scheinbar humoristisch zwei unvereinbare Gattungen kurz, um die Autorität des Kritikers zu stärken. Jeder Schriftsteller weiß, was Literatur ist, während ein Vogel schlechterdings nicht wissen kann, was Ornithologie ist.

Scheinlogik. Die Autoren wissen »zwar, was sie ungefähr bewirken [...] wollten. Dieses Wissen trübt ihren Blick auf das, was sie tatsächlich geleistet [...] haben.« Warum sollte das so sein? Tatsächlich ist es schwer, die eigene Leistung zu beurteilen, aber das hat mit Angst und Eitelkeit zu tun und niemals mit dem Wissen, was man »ungefähr bewirken« wollte.

Scheinbegründungen: »Haben / befürchten eine Krise. Daher genießen sie die Krise eines anderen [...]« Warum? Das träfe nur zu, wenn man der ganzen Gattung Schadenfreude unterstellt.

Scheinpräzise Begriffe, die nichts aussagen. Was sind »individualistische Neigungen«?

Scheinhumoristische Übertreibungen. »Nichts verabscheuen sie mehr«, »genießen beinahe wollüstig« sind karikierende Zuspitzungen, die sich komplizenhaft an die Schadenfreude des Publikums richten.

Kann man aus der manipulativen Form schließen, dass eine Aussage falsch ist? Ja. Die manipulative Aussage belegt nicht nur nicht, was sie zu belegen behauptet, sie zeigt auch, dass der Aussagende selbst seiner Botschaft nicht traut. Er glaubt sie verdrehen zu müssen, um sie an den Mann zu bringen.

Vor allem aber ist die manipulative Aussage ungenau und sagt daher wie jede Ungenauigkeit, Verallgemeinerung und Pauschalierung mehr über den Aussagenden als über den Gegenstand. Das Verhältnis des Autobiographen zu den Autoren ist offenbar spannungsreich, tendenziell entwertend, von Rivalität bestimmt.

Das kann viele Gründe haben: Kontaktschwierigkeiten, übergroße Erwartung und Enttäuschung; offenbar Verständnislosigkeit, Empfindlichkeiten, Ängste auf beiden Seiten. Marcel Reich-Ranicki hat von Autoren Beleidigungen, Drohungen, Hass erfahren. Er erzählt: Heinrich Böll nannte ihn »Arschloch« (367), Max Frisch »präpotent« (524). Rolf Dieter Brinkmann sagte zu ihm: »Ich sollte überhaupt nicht mit Ihnen reden, ich sollte hier ein Maschinengewehr haben und Sie niederschießen.« (446) Peter Handke warf ihm »Mordlust« (446) vor. Christa Reinig formuliert in einem Roman Vernichtungsphantasien (446f). Aktiv oder Reaktiv? Jedenfalls auch für diese Schriftsteller nicht schmeichelhaft. Aber: Sie verkörpern nicht die Gattung.

Gelungenes Porträt

Ein lebendiges Porträt, das ist mir wichtig, ist dem Autobiographen aber gelungen. Es gilt der Familie Thomas Manns. Unbekümmert geschrieben und erfrischend komisch ist die Szene, in der Hans Mayer und Marcel Reich-Ranicki Manns Witwe Katia in deren Villa am Züricher See besuchen. Sie warten, offenbar von einem Dienstmädchen hereingeführt, im Salon.

Nach wenigen Augenblicken kam Katia Mann. Sie trug ein dunkelgraues, beinahe bis zum Boden reichendes Kleid. Wie eine gestrenge Domina sah sie aus, wie eine imposante Stiftsvorsteherin. Hans Mayer hatte in der

Hand einen großen Blumenstrauß, den ihm aber Frau Mann gar nicht abnehmen wollte. Er wurde von ihr barsch angefahren: »Sie haben geschrieben, das Spätwerk meines Mannes bröckele ab.« Mayer, immer noch mit den Blumen in der Hand, war verlegen wie ein Schuljunge und stammelte hilflos: »Aber Gnädige Frau, ich bitte, ich bitte höflichst, bedenken zu wollen…« Katia Mann unterbrach ihn sofort: »Widersprechen Sie mir nicht, Herr Mayer, Sie haben geschrieben, Thomas Manns Spätstil sei am Abbröckeln. Sie sollten wissen, daß über meinen Mann alljährlich in der ganzen Welt mehr Doktorarbeiten eingereicht und gedruckt werden als über diesen, über diesen Kafka!« (508)

Nirgends sonst in diesem Buch findet sich eine in Vokabular (»höflichst«, »Abbröckeln«), Stil (»bedenken zu wollen«, »Widersprechen Sie mir nicht«) und Duktus (»als über diesen, über diesen Kafka«) so individuelle, lebendige direkte Rede. Die Beschreibungen sind vergleichsweise konkret, sinnliche Details geben der Szene Farbe und Kontur, und der Bericht hat einen gewissen Fluss, so dass sich ein Stück Welt zusammenfügt.

Auch das Porträt von Thomas Manns unglücklichem Sohn Golo gerät unerwartet warmherzig und einfühlsam. Warum? Der Autobiograph interpretiert nicht, sondern beobachtet, er hört zu und gibt Golo Manns Auskünfte und Anekdoten fast ohne Kommentar wieder – eine Wohltat. Unter anderem erzählt Reich-Ranicki von einem Spaziergang mit dem einsamen Junggesellen Golo, der aus dem Gedächtnis lateinische und deutsche Verse zitiert.

Goethe [sagte Golo] sei für ihn so notwendig wie die Luft, die wir zum Atmen brauchen, wie das Licht, ohne das wir nicht leben können. Dann hörte ich mehrfach die Vokabel »Dank«.
Ohne Übergang fragte ich nun nach seinem Verhältnis zu Thomas Mann. Golo wich nicht aus, aber er antwortete

einsilbig. Jetzt hörte ich ganz andere Vokabeln: Angst, Abscheu, Bitterkeit, wohl auch Haß. Als wir den Kilchberger Friedhof passierten, schlug er vor, das Grab von Conrad Ferdinand Meyer aufzusuchen. Daß auf demselben Friedhof Thomas und Katia Mann beerdigt sind, blieb unerwähnt. Als Golo Mann 1994 starb, wurde auch er auf dem Kilchberger Friedhof begraben, doch auf seinen ausdrücklichen Wunsch möglichst weit vom Grab seiner Eltern entfernt. Tatsächlich befindet sich sein Grab unmittelbar an der Friedhofsmauer.

Auf dem Rückweg nach Zürich dachte ich mir, daß ich in meinem ganzen Leben noch nie einem Mann begegnet sei, der soviel an seinem Vater gelitten und der soviel der Dichtung zu verdanken habe wie Golo Mann, der unglückliche Sohn eines Genies und der glückliche Bewunderer, der noble Enthusiast der Literatur. (517)

Das Kapitel zeigt, wie viel das Erzählen mit psychischer Disposition zu tun hat. Der exzessive Kommentator Marcel Reich-Ranicki zeigt sich hier entspannt, offen, ohne Angst, er will verstehen, nicht überwältigen. Vielleicht hat Golos Schüchternheit ihn besänftigt, vielleicht schont er auch aus einer existentiellen Verbundenheit heraus die Manns, die für ihn die beste Möglichkeit deutscher Literatur und Kultur symbolisieren. So gesehen verbände beide, den Heimatlosen und den Sohn, mit ihrem Gegenstand eine vertrackte, einseitige Verehrung, ein lebenslanges Gefühl, »zu wenig Sympathie, zu wenig Liebe« (514) erfahren zu haben, Versehrungen durch ein unglückliches Leben und die Rettung durch Literatur.

Marcel Reich-Ranicki als Kritiker

Mein Leben zeigt ein dramatisches Schicksal in einer extremen Deutung, gestaltet durch ein extremes Temperament. Es zeigt die formalen und sprachlichen Manöver, denen eine so stark interessengesteuerte Darstellung ihren Stoff unterwirft: die Ungenauigkeit, den Mangel an Klarheit und Rhythmus, die Übertreibungen, Trivialisierungen, die Suggestionen, die rhetorischen Geständnisse, die Pointierungen, die Tricks. Es zeigt, welche Kraft eine solche Deutung haben kann, ein schweres Schicksal subjektiv zu bewältigen.

Eines zeigt das Buch nicht: die starke und besondere Qualität des Literaturkritikers Marcel Reich-Ranicki. Es wäre sträflich, darauf nicht hinzuweisen, denn sie hat nicht nur zu meiner literarischen Bewusstseinsbildung beigetragen. Sie gehört auch als Geschichte zu den Wundern der Literatur.

Worin bestand dieses Wunder? Vielleicht darin, dass Marcel Reich-Ranicki hier wirklich liebes- und beziehungsfähig war. Dieser unsichere Mensch mit seinem ruhelosen Narzissmus, der ständig die Machtfrage stellt, konnte sich in einen neugierigen, sorgfältigen Leser verwandeln. Der humorlose Rechthaber wurde als Leser fähig zu Einfühlung, Einsicht, Toleranz. Der oberflächliche Erzähler mit seiner aufgeladen-trivialen Kampfprosa war als Kritiker zu ungeahnten Differenzierungen fähig: Seine besten Gedanken und Sätze galten nicht dem Leben, sondern der Literatur.

Auch in der Intensität dieser Beziehung liegt das Geheimnis seines Erfolgs. Für Marcel Reich-Ranicki, den Verfolgten und vom Leben Entfremdeten, war die Kunst existentiell. In ihr suchte er das Leben wie ein Süchtiger. Er hatte ein Gespür für das Künstlerische, die Essenz des Lebens, das, was den Text zur Literatur, die Töne zur Musik macht. Kein hoher Stil, kein literarisierender Gestus, kein literarischer Trick kann das ersetzen. Autoren neigen in ihren schwachen Augenblicken dazu, sich mit Kunstgriffen zu behelfen, und Kritiker neigen dazu, auf sie hereinzufallen; das liegt an menschlicher Fehlbarkeit, sozialer Verquickung, Gruppendynamik, modischem Konsens, es ist allgemeine Praxis. Der Reich-Ranicki seiner guten Zeit fiel kaum auf Tricks herein. Er hatte eine seltene Kraft, auf den Punkt zu kommen, und begründete (damals) seine Urteile klar.

Wenn er den künstlerischen Funken vermisste, wurde er ungeduldig, höhnisch, auch grob. Da er sich selbst anscheinend als statisch erfuhr, mag er einige Gesetzmäßigkeiten übersehen haben. Einmal die, dass mit der Lebenserfahrung die Beeindruckbarkeit abnimmt, dass man allmählich für den großen Zauber, die elektrisierende Erkenntnis, den Rausch der Offenbarung weniger empfänglich wird. Dann die, dass man im Alter, wenn man die großen Werke der Weltliteratur schon kennt, sich mit immer mehr Spreu begnügen muss: Am Anfang erntet man in wenigen Jahren Spitzenleistungen aus Jahrtausenden, in der Gegenwart scheint die Leistungsdichte geringer, weil die Spreu der früheren Produktion verweht ist, während die der Gegenwart hoch wirbelt und den Blick trübt. Ab den neunziger Jahren jedenfalls zeigte der Kritiker Ermüdungserscheinungen. Er wirkte zunehmend ungeduldig und oberflächlich, sein Urteil affektgesteuert und effektbedacht, von Rivalität und Ressentiment bestimmt. Das mindert nicht die Bedeutung des von ihm hinterlassenen kritischen Werks. Er bleibt eine der großen Figuren der deutschen Literaturkritik im 20. Jahrhundert.

In eigener Sache

Bin ich objektiv? Nein. Ich denke, ich habe Sprache und Erzähltechnik des Autobiographen sachlich dargestellt. Aber natürlich habe ich auf den Text auch emotional reagiert. Das darf ich weder ignorieren noch verschweigen, wenn meine Arbeit aussagefähig sein soll.

Zum Beispiel gebe ich zu, dass mich ein ungenauer Stil quält. Ich halte es für Zeitverschwendung, durch ein unscharfes Fernglas zu blicken. Schematische Bewertungen langweilen mich, und forcierte oder suggestive Einseitigkeit ärgert mich unabhängig vom Vorzeichen, das sie dem Gegenstand verpasst. Weiterhin habe ich schlechte Erfahrungen mit aggressiver Erzählprosa. Falls es gute gibt, habe ich sie bisher nicht kennengelernt. Gutes Erzählen lebt von der Freiheit der Wahrnehmung. Es kann revolutionär wirken, wenn es Missstände beim Namen nennt, aber es muss die Verhältnisse für sich sprechen lassen. Aggressiven Erzählern misstraue ich auch, wenn ich ihr Anliegen teile.

Normalerweise lege ich solche Prosa nach wenigen Seiten weg. Ich habe in diesem Fall um meines Essays willen durchgehalten, erstens weil sich hier eine Menge über taktisches Erzählen lernen lässt, zweitens, weil der Autor eine Figur der Zeitgeschichte ist. Oben sprach ich von unseren Deutungsdefiziten, was die Epoche des Nationalsozialismus betrifft. Letztlich sind es Deutungsängste. Insofern war die Lektüre auch ein Exerzitium.

Ich ertappte mich dabei, dass ich bei jedem Unwillen, den der aggressive Ton und die nationalen Suggestionen in mir auslösten, sofort an Gaskammern und rauchende Krematorien dachte und beschämt war. Das ließ mir keine andere Möglichkeit als entweder schuldbewusst mich dem Weltbild des Autors zu unterwerfen oder mich in der Reihe seiner Henker zu sehen. So wurde ich, ob ich zustimmte oder ablehnte, Teil seines paranoiden Systems. Auch anderen Lesern scheint es so gegangen zu sein, denn ich hörte nur zwei Reaktionen: entweder »nicht gelesen« bzw. »vergessen« oder »großartig«, ohne die in unserem Metier üblichen und notwendigen Differenzierungen. Die Emotionalität dieser Prosa – zusammen mit dem peinigenden Gedenken – schien eine genaue Betrachtung unmöglich zu machen.

Es hat mich unter diesem Stress Mühe gekostet, den Text nüchtern zu lesen. Nur dadurch aber gelang es, aus dem Kreislauf suggestiver Erniedrigung und Entwertung, der natürlich nicht bei Reich-Ranicki begonnen hat, hinauszutreten. Reich-Ranickis Erzählung zeigt die Entstehung seines Systems in einem grotesken, gewaltsamen Weltbild und einer schweren Traumatisierung; sie zeigt aber auch seine Unzulänglichkeit. Es ist eine Schockdeutung mit deutlich autosuggestiven Elementen, und sie ist natürlich zu respektieren, aber ihre Folgerungen sind weder zwingend noch vernünftig. Im Gegenteil: Sie stimulieren die falschen Seiten in uns.

In eigener Sache also: Es ist notwendig, sich mit Scham zu erinnern, was in unserem scheinbar so zivilisierten Land möglich war. Doch unsere Hauptaufgabe sollte sein, dass wir uns kein weiteres Mal von Staatssystemen oder Regierungen instrumentalisieren lassen. Dazu brauchen wir genau das, was Reich-Ranickis totalitäre Prosa verhindern will: Vertrauen in die eigene Wahrnehmung, Widerstandskraft gegen Fremdbestimmung und zivilen Mut. Denn die Gefahr, würde ich sagen, liegt nicht in unserer genetischen Mordlust, sondern in unserem begrenzten Überblick bei unbegrenzter Bequemlichkeit, unserer Korrumpierbarkeit durch vermeintlichen Vorteil, unserer Beeindruckbarkeit durch Macht und unserer Bereitschaft, uns selbst zu betrügen.

»Sie fanden Oskar nicht, weil sie Oskar nicht gewachsen waren.«
Die Blechtrommel von Günter Grass

Alfred Andersch und Marcel Reich-Ranicki haben in den besprochenen Werken sich selbst zum Thema gemacht: Der eine erzählte halbbiographisch (unter fremdem Namen eine vermeintlich eigene Geschichte), der andere direkt, unter eigenem Namen für die eigene Person. Der eine schuf aus historischen Versatzstücken eine hyperrealistische Bühne, um sein persönliches Drama mit gnädigeren Akzenten nachzuinszenieren, der andere selektierte aus der Geschichte seine ahasverische Passion. Den einen hat die Epoche moralisch traumatisiert, den anderen existentiell verfolgt. Beide versuchten ihre Biographien von der historischen Katastrophe aus zu deuten. Beide stießen dabei auf Probleme, an denen sie deutend sich aufrieben, weshalb ihre Erzählsprache eine vielfältige Wahrheit offenlegte, über die Grenzen der Autoren-Einsicht hinaus.

Der Schriftsteller Günter Grass dagegen hat in seinem Debütroman *Die Blechtrommel* (1959) die Nazizeit nicht autobiographisch beschrieben, sondern über eine Phantasiefigur, mit künstlerischen Mitteln. Dieser Weg bietet größere Freiheit unter strengeren Bedingungen: Die Erfindung muss sich nicht an der Wirklichkeit messen lassen, sondern »nur« an ihrer Stimmigkeit. Die Literatur schafft ein *Modell* des Lebens und hat da scheinbar vollkommene Freiheit, aber ein Modell, das künstlerische Bedeutung beansprucht, muss in Konsistenz,

Bildlogik und Substanz überzeugen. Es leistet nur etwas, wenn es eine innere Analogie zum Leben enthält.

Grass, Jahrgang 1927, ist sieben Jahre jünger als Marcel Reich-Ranicki und vierzehn Jahre jünger als Andersch. Er wuchs in einem Vorort von Danzig (heute Gdansk, Polen) auf, kam sechzehnjährig als Volkssturmmann nach Berlin, wurde bei seinem ersten Militäreinsatz leicht verwundet und verbrachte einige Wochen als Kriegsgefangener in einem amerikanischen Lager. Er kannte Diktatur und Krieg aus eigener Anschauung, musste sich aber als Minderjähriger nicht verantwortlich fühlen. Entsprechend unbekümmert gibt sich seine Deutung der Epoche, nach dem Krieg immerhin die erste eines Autors der jüngeren, scheinbar unbelasteten Generation. Die *Blechtrommel*, ein 800 Normseiten starkes Antimärchen über einen grandiosen Protest-Zwerg, ist in einem temperamentvoll ausholenden Stil geschrieben, im Ton nicht zerknirscht, pathetisch oder wehleidig, sondern burlesk und ironisch, in der Darstellung nicht verzagt und vage, sondern prall, grotesk, roh. 1959 verblüffte das giftig-opulente Buch die deutsche Wirtschaftswunderwelt. Konservative Kritiker warfen ihm Blasphemie, Geschmacklosigkeit und Amoralität vor, fortschrittliche bejubelten seine urtümliche Kraft. Fast alle aber bewunderten seine Virtuosität. Alsbald etablierte sich das Buch im bundesdeutschen Kanon. Inzwischen wurde es weltweit über drei Millionen Mal verkauft, der Autor erhielt 1999 den Nobelpreis für Literatur.

Als deutlich nach dem Krieg Geborene (1956), die die von Grass beschriebenen Epoche nicht aus eigener Anschauung kennt, hatte ich bei einem ersten Leseversuch vor Jahren einen ganz anderen Eindruck. Das Buch erschien mir trotz seiner glänzenden Sprache überladen, verkrampft und in den entscheidenden Fragen sogar ängstlich. Natürlich fragte ich mich nach dem Grund dieses Eindrucks, der der allgemeinen Einschätzung ja deutlich widersprach. Allerdings hatte ich damals keine Gelegenheit, die Frage zu klären. Jetzt nahm ich sie mir wieder vor.

Das Buch ist zu dick, als dass ich es hier ganz durchnehmen könnte. Ich möchte aber zumindest die ersten drei Kapitel auf ihre Stilmittel hin untersuchen und zeigen, wie Stil und Erfindung einander bedingen. Die Ergebnisse werde ich anhand einzelner Themen aus den späteren Teilen überprüfen.

Visitenkarte, wie immer

Das Leben eines Menschen beginnt mit der Geburt. Wenn Marcel Reich-Ranicki, wie wir im letzten Kapitel gesehen haben, seine Autobiographie mit dem Treffen der Gruppe 47 in Großholzleute beginnen lässt, hat das programmatische Bedeutung: Dort, mit einem wiewohl bedrohten heimlichen Triumph (Rückkehr) und auf erheblicher gesellschaftlicher Höhe, beginnt die Existenz, mit der er identifiziert werden möchte. Auch Oskar Mazerath, der Held der *Blechtrommel*, führt sich als Erwachsener ein.

> *Zugegeben: ich bin Insasse einer Heil- und Pflegeanstalt, mein Pfleger beobachtet mich, läßt mich kaum aus dem Auge; denn in der Tür ist ein Guckloch, und meines Pflegers Auge ist von jenem Braun, welches mich, den Blauäugigen, nicht durchschauen kann.*[40]

Auch diese Situation ist programmatisch. »Zugegeben« ist ein rhetorischer Beginn. »Heil- und Pflegeanstalt« erniedrigt scheinbar den Erzähler, der allerdings schon im nächsten Halbsatz seine besondere Bedeutung erklärt: Sein Pfleger lässt ihn »nicht aus dem Auge«, widmet sich ihm also ganz und gar, was allerdings nichts nützt, denn »meines Pflegers Auge ist von jenem Braun, welches mich, den Blauäugigen, nicht durchschauen kann.« All das ist nicht realistisch und soll es auch nicht sein: »Nicht aus dem Auge« ist eine Übertreibung, und natürlich hat das Braun eines Auges keinen Einfluss auf die Intelligenz des Schauenden. Vielleicht handelt es sich um ein Spiel mit Farbassoziationen: Bei Braun dachte man 1959 wahrscheinlich auch an Nationalsozialismus, Augenblau konnte ebenso Unschuld wie Hellsicht bedeuten. Vermittelt wird Doppelbödigkeit: Der Held ist so ohnmächtig (eingesperrt) wie mächtig (undurchschaubar), er ist wichtig und mysteriös und präsentiert sich in einem Ton vollendeter Ironie. Verrücktenstatus und Ironie machen ihn unangreifbar.

Die folgenden Seiten bauen die Selbstdarstellung aus:

> *Einmal in der Woche unterbricht ein Besuchstag meine zwischen weißen Metallstäben geflochtene Stille. Dann kommen sie, die mich retten wollen, denen es Spaß macht, mich zu lieben, die sich in mir schätzen, achten und kennenlernen möchten. Wie blind, nervös, wie unerzogen sie sind. […] Mein Anwalt stülpt jedesmal, sobald er mit seinem Hallo das Zimmer sprengt, den Nylonhut über den linken Pfosten am Fußende meines Bettes. Solange sein Besuch währt – und Anwälte wissen viel zu erzählen –, raubt er mir durch diesen Gewaltakt das Gleichgewicht und die Heiterkeit.* (9f)

Der Held spricht sich hier magische Züge zu. Er wird geliebt, und nicht nur das: die ihn lieben, brauchen ihn, um »sich« in ihm zu schätzen usw. Warum, wird nicht erklärt. Oskar sieht auf sie herab. Sogar ein Anwalt kommt, der ihn retten will. Der Anwalt wird nicht persönlich, sondern als Vertreter einer bespöttelten Zunft vorgestellt: »Anwälte wissen viel zu erzählen«. Die Rettungsbemühungen werden verachtet, Oskar stellt sich als jemand dar, dessen Gleichgewicht und Heiterkeit dadurch eher gefährdet als gefördert werden. Warum wirft er den Anwalt nicht raus? Das wird nicht gesagt. Oskar spiegelt sich in diesem Anwalt wie in allen Besuchern, interpretiert sich dabei aber als autark, auf andere Menschen nicht angewiesen, unverletzlich.

Helden solcher Art sind normalerweise in der Trivialliteratur zu finden; hier aber scheint es um anderes zu gehen. Oskars

Sprache ist nicht trivial, sondern reich an gesuchten Bildern (»meine zwischen weißen Metallstäben geflochtene Stille«). Sie ist gespickt mit ironischen Hinweisen wie Übertreibungen (»sobald er mit seinem Hallo das Zimmer sprengt«), Spott (über Anwälte, den Pfleger, die Besucher), rhetorischen Kommentaren (»Wie blind, nervös, wie unerzogen sie sind«). Der Ton ist ironisch: Dem Leser wird bedeutet, dass der Autor alles ganz anders meine, als er es hier sagt. Die Frage, *wie* er es meint, blieb offen. Bisher hat sich der Held vor allem mystifiziert. Warum er in der Anstalt sitzt, seit wann und wo, wer er ist, wurde nicht gesagt.

Die Exposition bricht damit zunächst ab, und es folgt, bevor noch im selben Kapitel die Familiengeschichte des Helden aufgerollt wird, eine poetologische Zwischenbemerkung:

Man kann eine Geschichte in der Mitte beginnen und vorwärts wie rückwärts kühn ausschreitend Verwirrung anstiften. Man kann sich modern geben, alle Zeiten, Entfernungen wegstreichen und hinterher verkünden oder verkünden lassen, man habe endlich und in letzter Stunde das Raum-Zeit-Problem gelöst. Man kann auch ganz zu Anfang behaupten, es sei heutzutage unmöglich einen Roman zu schreiben, dann aber, sozusagen hinter dem eigenen Rücken, einen kräftigen Knüller hinlegen, um schließlich als letztmöglicher Romanschreiber dazustehen. Auch ich habe mir sagen lassen, daß es sich gut und bescheiden ausnimmt, wenn man anfangs beteuert: Es gibt keine Romanhelden mehr, weil es keine Individualisten mehr gibt, weil die Individualität verlorengegangen, weil der Mensch einsam, jeder Mensch gleich einsam, ohne Recht auf individuelle Einsamkeit ist und eine namen- und heldenlose einsame Masse bildet. Das mag alles so sein und seine Richtigkeit haben. Für mich, Oskar, und meinen Pfleger Bruno möchte ich jedoch feststellen: Wir beide sind Helden, ganz verschiedene Helden, er hinter dem Guckloch, ich vor dem Guckloch; und wenn er die

Tür aufmacht, sind wir beide, bei aller Freundschaft und
Einsamkeit, noch immer keine namen- und heldenlose
Masse. (11f)

Auch dieses Programm ist ironisch. Oskar erklärt, dass man
beliebig erzählen könne, und welche erzählerischen Tricks die
Beliebigkeit ermögliche; er bezieht sich auf einen zeitgenössischen Erzähldiskurs, dessen Irrtümer und Versuchungen er
gönnerhaft durchschaut. Nachdem er so seine Unzuverlässig-
keit als Erzähler thematisiert hat, erklärt er scheinbar naiv, für
ihn gelte das alles nicht, er halte sich für einen Helden. Auch
dieses Manifest wird sogleich konterkariert, indem Oskar seinen Pfleger Bruno mit einbezieht. Die Begründung, die er liefert, ist keine: »Und wenn er die Tür aufmacht, sind wir beide,
bei aller Freundschaft und Einsamkeit, noch immer keine na-
men- und heldenlose Masse.« Weder Türöffnen noch Freundschaft noch Einsamkeit bedeuten, dass jemand eine heldenlose
Masse sei oder auch nicht; der Erzähler mischt hier verschiedene Kategorien zu einem ironischen Effekt. Nach dieser poe-
tologischen Schein-Deklaration beginnt er, seinen »Freunden
und allwöchentlichen Besuchern« die Geschichte seiner Großmutter zu erzählen, beziehungsweise: wie Oskars Mutter gezeugt wurde.

Oskars Ursprungslegende

Der Grundeinfall ist, dass Oskars Großmutter, eine einfache
Landarbeiterin, bei der Mittagsjause auf einem Kartoffelfeld
einem verfolgten kaschubischen Brandstifter Unterschlupf
unter ihren Röcken gewährt, wo der Flüchtling die Obdach-
spenderin befruchtet, während wenige Meter entfernt die Polizei nach ihm sucht. Erzählt wird das so:

Meine Großmutter Anna Bronski saß an einem späten
Oktobernachmittag in ihren Röcken am Rande eines

Kartoffelackers. Am Vormittag hätte man sehen können,
wie es die Großmutter verstand, das schlaffe Kraut zu or-
dentlichen Haufen zu rechen, mittags aß sie ein mit Sirup
versüßtes Schmalzbrot, hackte dann letztmals den Acker
nach, saß endlich in ihren Röcken zwischen zwei fast vol-
len Körben. Vor senkrecht gestellten, mit den Spitzen zu-
sammenstrebenden Stiefelsohlen schwelte ein manchmal
asthmatisch auflebendes, den Rauch flach und umständ-
lich über die kaum geneigte Erdkruste hinschickendes
Kartoffelkrautfeuer. Man schrieb das Jahr neunundneun-
zig, sie saß im Herzen der Kaschubei, nahe bei Bissau,
noch näher der Ziegelei, vor Ramkau saß sie, hinter Vier-
eck, in Richtung der Straße nach Brentau, zwischen Dir-
schau und Karhaus, den schwarzen Wald Goldkrug im
Rücken saß sie und schob mit einem an der Spitze ver-
kohlten Haselstock Kartoffeln unter die heiße Asche. (12)

Erzählt wird in langen Perioden mit bewusst aufgelöster
Syntax in einem rhapsodischen Ton, der an mündliche Erzähl-
formen erinnert. Geboten wird eine Fülle realistischer (Land-
arbeit, Jahreszahl, Ortsnamen) Details, in oft subversiven
Formulierungen: Anna saß »im Herzen« der Kaschubei, »nahe
bei Bissau, noch näher der Ziegelei«: Die Sprache bietet nicht
nur sinnliche Bilder und scheinbar exakte Informationen, sondern will auch in ihrer Struktur, ihren Doppel- und Nebenbe-
deutungen genossen werden.

Nun werden die fünf Röcke der Großmutter vorgestellt mit
der ironischen Begründung, der Erzähler wisse, »was ich diesem Kleidungsstück schuldig bin« (12). Stoff, Menge, Muster,
Farbe, Geruch, Waschturnus, Schichtung werden zwei Seiten
lang beschworen. Dann, während Großmutter Anna Anstal-
ten macht, eine der gerösteten Kartoffeln zu verzehren, tauchen am Rand des Feldes ein Flüchtling und zwei Verfolger
auf.

Es bewegte sich etwas zwischen den Telegrafenstangen.
Meine Großmutter schloß den Mund, nahm die Lippen
nach innen, verkniff die Augen und mümmelte die Kar-
toffel. Es bewegte sich etwas zwischen den Telegrafen-
stangen. Es sprang da etwas. Drei Männer sprangen
zwischen den Stangen, drei auf den Schornstein zu, dann
vorne herum und einer kehrt, nahm neuen Anlauf, schien
kurz und breit zu sein, kam auch drüber, über die Ziege-
lei, die beiden anderen, mehr dünn und lang, die ande-
ren Springer, die wieder zum Schornstein hin mußten,
weil der schon drüber rollte, als die, zwei Daumensprünge
entfernt, noch Anlauf nahmen und plötzlich weg waren,
die Lust verloren hatten, so sah es aus, und auch der
Kleine fiel mitten im Sprung vom Schornstein hinter dem
Horizont. […] Und er schaffte es bis zum Hohlweg, war
kaum klein und breit im Hohlweg verschwunden, da
kletterten auch schon lang und dünn die beiden anderen,
die inzwischen die Ziegelei besucht haben mochten, über
den Horizont, stiefelten sich so lang und dünn, dabei nicht
einmal mager über den Lehm, daß meine Großmutter
wiederum nicht die Kartoffel spießen konnte; denn so
etwas sah man nicht alle Tage, daß da drei Ausgewach-
sene, wenn auch verschieden gewachsene, um Telegra-
fenstangen hüpften, der Ziegelei fast den Schornstein
abbrachen und dann in Abständen, erst klein und breit
dann dünn und lang, aber alle drei gleich mühsam, zäh
und immer mehr Lehm unter den Sohlen mitschleppend,
frischgeputzt durch den vor zwei Tagen vom Vinzent ge-
pflügten Acker sprangen und im Hohlweg verschwanden.
(14f)

Der scheinmündliche Duktus wird kunstvoll beschleunigt,
Sätze und Halbsätze folgen wie stolpernd aufeinander, mit
Wiederholungen und Kalauern wird ausgiebig gespielt, origi-
nelle Ausdrücke (»zwei Daumensprünge entfernt«) und Mutmaßungen (»die beiden anderen, die inzwischen die Ziegelei

besucht haben mochten«) bedeuten, dass auch dieses Arrangement komisch gemeint ist. Es ist eine Slapstickszene, sogar wie im Stummfilm: weder wird gerufen, noch geschossen.

Personendarstellung ist nicht angestrebt. Großmutter Anna wird durch ihre Röcke repräsentiert, ein archaisch vegetatives Wesen. Die uniformierten Verfolger firmieren, nachdem der Einfall »lang und dünn« reichlich ausgekostet wurde, als »die Uniformen«, was Anlass für weitere Kalauer gibt: »Doch mitten im Kauen besannen sich die Uniformen ihrer Uniformen« (18). Der Flüchtling schlüpft als »kleines und breites Tier« (16) unter Annas hilfsbereit gelupfte Röcke.

Alsbald beginnt Anna zu seufzen. Sie verdreht die Augen und zählt die »kaschubischen Vornamen aller Heiligen« auf, während »die Uniformen« misstrauisch um sie kreisen, »wissen wollten, was es zu seufzen gebe« (17), ihre Bajonette »gezielt in jedes Mauseloch« (18) stoßen und schließlich unverrichteter Dinge abziehen. Auch das ist scheinbar naiv, aber deutlich anspielungsreich im nämlichen freien Duktus erzählt. Des Rätsels Lösung folgt nach einer Serie langer, grammatikalisch großzügiger Perioden schließlich in einem vergleichsweise kurzen abgeschlossenen Satz im vollendeten Nominalstil. Anna nämlich steht auf; dem Geretteten »wurde es kalt, als er auf einmal so ohne Haube klein und breit unter dem Regen lag«, und:

Schnell knöpfte er sich jene Hose zu, welche unter den Röcken offen zu tragen ihm Angst und ein grenzenloses Bedürfnis nach Unterschlupf geboten hatten. (19)

Den unpersönlichen Nominalstil, zu dem Andersch und Reich-Ranicki greifen, wenn sie uns ihrer Objektivität versichern wollen, verwendet Grass, elegant und pointiert, zu einem sexuellen Scherz.

Das Ende des Kapitels vermischt sexuelle Burleske und scheinbar dokumentarische Präzision:

Da ließen sie die Ziegelei links liegen, machten auf den schwarzen Wald zu, in dem Goldkrug lag und dahinter Brentau. Aber vor dem Wald in einer Kuhle lag Bissau-Abbau. Dorthin folgte meiner Großmutter klein und breit Joseph Koljaiczek, der nicht mehr von den Röcken lassen konnte. (29)

Auffällig in dem ganzen Kapitel ist der mutwillige Umgang mit Proportion: Ein rechtes Maß wird weder architektonisch, noch erzählerisch, noch sprachlich angestrebt. Die beiden entscheidenden Punkte der Handlung (Zeugung und Zusammenbleiben des Paares) sind jeweils in einem kurzen Satz erklärt, während mit scheinbar überflüssigen Details und humoristischen Einfällen acht Seiten gefüllt werden. Menschliche Figuren sind mit knappen Stereotypen bezeichnet, während Ortsangaben, die zum Verständnis der Handlung nichts beitragen, breiten Raum einnehmen. Eine aufwendige, vielschichtig sich gebende Sprache überwuchert die einschichtige, dürftige Handlung. Das alles ist legitim und sehr gut gemacht, auf keinen Fall die Folge von Ungeschicklichkeit: Die Missverhältnisse sind beabsichtigt und haben einen komischen Effekt.

An dieser Stelle ein paar Worte zum Realismusbegriff, der mit Fragen der Proportion eng verbunden ist. Der Realismus der *Blechtrommel* wurde viel gerühmt, als ergäbe sich Realismus bereits aus nachprüfbaren Ortsbezeichnungen und Straßennamen. Literarischer Realismus ist aber etwas anderes: Er strebt eine möglichst genaue Schilderung menschlicher und gesellschaftlicher Verhältnisse an. Da die Wirklichkeit immer komplexer ist als jede Erzählung, erfordert er eine konzentrierte, zurückhaltende Sprache, die die Aufmerksamkeit des Lesers auf das Geschehen und seine vielfältigen Bedeutungen lenkt. Der Autor der *Blechtrommel* verfährt umgekehrt: er stellt Personen und Geschehen grotesk vereinfacht mit lediglich einer (komischen) Bedeutung dar und feiert seine sprachlichen Einfälle. Nebenbei verharmlost er: Die Gendarmen machen wider Erwarten von ihren Schusswaffen keinen Gebrauch und sind so dumm, dass sie den Flüchtling in Mauselöchern suchen; dieser wiederum triumphiert über sie auch darin, dass er quasi unter ihren Augen seiner Beschützerin einen offenbar lustvollen Geschlechtsverkehr bietet. Um Realismus ist es dem Autor sicher nicht gegangen.

Weitere ironische und komische Effekte

Formal wirkte die Szene durch ihren erbaulichen, scheinbar volkstümlichen Ton legendenhaft. Die Legende war ursprünglich als Heiligenerzählung ein Element des Gottesdienstes. Zur ihr gehört ein typisiertes Personal, ein archaisches Umfeld und ein oder mehrere Wunder. All das findet sich auch bei Grass. Als Wunder dieses Kapitels lässt sich die Rettung des verfolgten Koljaiczek vor der Polizei verstehen. Freilich ist dieses Wunder, ohne das es keinen Oskar gegeben hätte, ein rustikaler Geschlechtsakt, wodurch das Legenden-Modell blasphemisch ironisiert wird.

Zur Legende gehört auch die Wiederholung: Je unwahrscheinlicher ein Ereignis, desto selbstverständlicher muss es immer aufs neue bestätigt werden, damit das zu belehrende Volk es glaubt. Bereits zu Beginn des zweiten Kapitels taucht dieses Stilmittel zum ersten Mal auf.

Jedenfalls sagt meine Trommel: An jenem Oktobernachmittag des Jahres neunundneunzig, während in Südafrika Ohm Krüger seine buschig englandfeindlichen Augenbrauen bürstete, wurde zwischen Dirschau und Karthaus, nahe der Ziegelei Bissau, unter vier gleichfarbigen Röcken, unter Qualm, Ängsten, Seufzern, unter schrägem Regen und leidvoll betonten Vornamen der Heiligen, unter den einfallslosen Fragen und rauchgetrübten Blicken zweier Landgendarmen vom kleinen aber breiten Joseph Koljaiczek meine Mutter Agnes gezeugt. (21)

Mit dieser Rekapitulation zeigt der Autor, dass er auch aus der längst deutlich ausgekosteten Legende nochmals sprachlich Funken zu schlagen weiß, bekräftigt das Wunder und gibt einen weiteren ironischen Hinweis: »Meine Trommel sagt« verschiebt die Verantwortung für das Erzählte auf eine Blechtrommel, was bedeutet, dass es sich bei der Geschichte ebenso um ein Kinderspiel wie um ein magisches Geschehen handeln kann.

Die Legendenform wird weiterhin bedient: Das ganze zweite Kapitel (Titel: *Unterm Floß*) gilt dem Schicksal des kleinen breiten Koljaiczek, der nach einigen Jahren bei Anna Bronskis Röcken doch noch von der Polizei gestellt wird und auf der Flucht der Welt abhanden kommt: Er, der Holzarbeiter, flieht über die Flöße, die sich im Danziger Holzhafen stauen, springt von Baumstamm zu Baumstamm und stürzt sich schließlich ins brackige Wasser, um unter den Polizeibarkassen hindurchzutauchen.

> *Man hat die Leiche meines Großvaters nie gefunden. Ich, der ich fest daran glaube, daß er unter dem Floß seinen Tod gefunden hat, muß mich, um glaubwürdig zu bleiben, hier dennoch bequemen, all die Versionen wunderbarer Rettungen wiederzugeben.* (33)

Er muss die Versionen wunderbarer Rettungen wiedergeben, »um glaubwürdig zu bleiben«: Das ist sozusagen die Ironisierung der Ironie. Im weiteren begegnen wir auch hier deutlicher Fabulierlust. Eine Rettungsversion besagt, Koljaiczek habe irgendwo wieder Luft schnappen können und später im Schutze der Dunkelheit das Gelände der Schichauwerft erreicht, wo ihn griechische Matrosen auf einen schmierigen Tanker schmuggelten. Eine andere, er habe sich gleich Treibholz in die offene See treiben lassen, »wo ihn prompt Fischer aus Bohnsack auffischten und außerhalb der Dreimeilenzone einem schwedischen Hochseekutter übergaben« (34). Die letzte Version beendet das Kapitel:

Das alles ist Unsinn und Fischergeschwätz. Auch gebe ich keinen Pfifferling für die Aussagen jener in allen Hafenstädten gleich unglaubwürdigen Augenzeugen, welche meinen Großvater kurz nach dem ersten Weltkrieg in Buffalo USA gesehen haben wollen. Joe Colchic soll er sich genannt haben. Holzhandel mit Kanada gab man als sein Gewerbe an. Aktien bei Streichholzfirmen. Begründer von Feuerversicherungen. Schwerreich und einsam beschrieb man meinen Großvater: in einem Wolkenkratzer hinter riesigem Schreibtisch sitzend, Ringe mit glühenden Steinen an allen Fingern tragend, mit seiner Leibwache exerzierend, die Feuerwehruniform trug, polnisch singen konnte und Phönixgarde hieß. (35)

Wieder haben wir ein Feuerwerk an Einfällen und Anspielungen. »Streichholzfirmen«, »Feuerversicherungen«, »glühende« Steine und »Phönixgarde« stehen in komischem Bezug zu Koljaiczeks Brandstifter-Vergangenheit, die Bemerkungen über das »Fischergeschwätz«, auf das der Erzähler »keinen Pfifferling« zu geben behauptet, variieren scheinbar naiv das Glaubwürdigkeitsthema. Effektvoll ist weiterhin, dass gerade bei dieser unwahrscheinlichsten Rettungsversion die Sprache einmal nicht ausufernd burlesk ist, sondern nüchtern, geradezu stichwortartig knapp, bis auf die fröhliche Coda am Schluss.

Wie ist es mit der Substanz? Oskar beschreibt mit Hingabe und Witz, was nicht geschah, aber hätte geschehen können, worauf er sogleich überlegen erklärt, er wisse es besser. Man kann das als inspirierten Trotz gegen die Wirklichkeit lesen, wobei die Wirklichkeit in diesem Fall der Tod einer schlichten, mechanisch agierenden Figur ist, die den Erzähler konkret eher wenig interessiert. Vielleicht geht es gar nicht um Koljaiczek, sondern um eine »Wirklichkeit an sich«, die hier ironisch zurückgewiesen wird?

Drittes Kapitel: Oskar Matzerath

Den Motor für die gigantische Unternehmung lernen wir im dritten Kapitel kennen. Es hat die Überschrift *Falter und Glühbirne* und gipfelt in der Geburt des Romanhelden Oskar Mazerath. Zunächst wurden dessen Familienverhältnisse geschildert – die rundliche, fromme Mutter Agnes, Tochter der auf dem Kartoffelacker geschwängerten Anna, ihr schmächtiger, hübscher Cousin Jan, der wahrscheinlich Oskars Vater ist, und ihr Mann Alfred Matzerath, ein fröhlicher Rheinländer und passionierter Koch, der Agnes erobert, weil er »Gefühle in Suppen zu wandeln verstand« (41). Ort: der Danziger Vorort Langfuhr. Zeit: Ende der zwanziger Jahre, Inflation. Familie Matzerath ernährt sich von einem Kolonialwarenladen und lebt bescheiden, aber kleinbürgerlich zufrieden in einer engen Wohnung neben dem Laden.

Ich erblickte das Licht dieser Welt in Gestalt zweier Sechzig-Watt-Glühbirnen. Noch heute kommt mir deshalb der Bibeltext »Es werde Licht und es ward Licht« wie der gelungenste Werbeslogan der Firma Osram vor. Bis auf den obligaten Dammriß verlief meine Geburt glatt. Mühelos befreite ich mich aus der von Müttern, Embryonen und Hebammen gleichviel geschätzten Kopflage.

Damit es sogleich gesagt sei: Ich gehörte zu den hellhörigen Säuglingen, deren geistige Entwicklung schon bei der Geburt abgeschlossen ist und sich fortan nur noch bestätigen muß. So unbeeinflußbar ich als Embryo nur auf mich gehört und mich im Fruchtwasser spiegelnd geachtet hatte, so kritisch lauschte ich den ersten spontanen Äußerungen der Eltern unter den Glühbirnen. Mein Ohr war hellwach. Wenn es auch klein, geknickt, verklebt und allenfalls niedlich zu benennen war, bewahrte es dennoch jede jener für mich fortan so wichtigen, weil als erste Eindrücke gebotenen Parolen. Noch mehr: Was ich mit dem Ohr einfing, bewertete ich sogleich mit winzigstem Hirn

und beschloß, nachdem ich alles Gehörte genug bedacht
hatte, dieses und jenes zu tun, anderes gewiß zu lassen.
(45)

In kunstvoller literarischer Sprache stellt sich ein Säugling vor.
Der kleine Oskar weiß bereits im Moment der Geburt alles
über die Welt. Er kann nicht nur sogleich hören und benennen, sondern auch erwägen, beobachten, entscheiden und
Witze machen. Er ist den Naturgesetzen nicht unterworfen,
bedarf keiner Sozialisation, keiner Entwicklung, keiner Psyche. Er ist nicht ein »normales« Wunderkind, das sich erwachsene Fertigkeiten in frühem Alter erwirbt, er hat alles sofort.
Ein Künstler darf erfinden, was er will. Aber was er will, ist
ebensowenig Zufall wie seine Träume und Tagträume: Es entspringt seinen Bedürfnissen. Je unwahrscheinlicher seine Erfindung ist, desto mehr kommen diese Bedürfnisse
(Neigungen, Vorurteile, Obsessionen) zum Zug. Welche Bedürfnisse seines Autors mag der kleine Oskar verkörpern?

»Es werde Licht und es ward Licht«: Oskar kennt bereits
Bibel und Osram und kann die hohen Worte sogleich auf das
Banale anwenden zu einem ersten Treffer in die Lachmuskeln.
Nebenbei fällt ihm hier »der gelungenste« Werbeslogan der
Firma Osram ein.
»Mühelos befreite ich mich aus der [...] Kopflage«: Er wird
nicht geboren, er gebärt sich selbst. Er ist aktiv.
»Bis auf den obligaten Dammriß«: Er reißt die Scheide sei-
ner Mutter ein. Eine andere Bezugnahme auf die Mutter gibt es
nicht. Wenn der kleine Oskar den Dammriss auch »obligat«
(unvermeidlich) nennt, ist der ihm doch eine Erwähnung wert.
Vielleicht genießt er die Assoziation, dass er schon bei seinem
Eintritt in die Welt Schaden anrichtet, oder dass er, Scheiden
betreffend, groß geraten sei.
»Damit es sogleich gesagt sei: Ich gehörte zu den hellhörigen Säuglingen [...]«: Er zählt sich, kokett bescheiden, einer
Gattung zu, die es nicht gibt.

»So unbeeinflußbar ich als Embryo nur auf mich gehört und mich im Fruchtwasser spiegelnd geachtet hatte«: Er ist von Anfang an autark, nicht sozialisierungsbedürftig, auf andere nicht angewiesen, auf sich konzentriert, sich genügend.

»[…] und beschloß, nachdem ich alles Gehörte genug bedacht hatte, dieses und jenes zu tun, anderes gewiß zu lassen«: Er ist an Verstand, Urteil und Willenskraft seinen Eltern sofort überlegen.

Oskar spricht sich übermenschliche Attribute zu. All seine Eigenschaften haben mit Macht zu tun. Er kennt weder Bedürftigkeit noch Schwäche. Seine Haltung zu Umwelt und Mitmenschen ist kritisch, ironisch, entwertend. Seine Verachtung der Umwelt, die wir bereits im Anfangskapitel kennengelernt haben, ist nicht durch Erfahrungen begründet, sondern angeboren.

Es ist eine Größenphantasie mit deutlich pubertären Akzenten, dabei mit Witz präsentiert und natürlich, nach der durchgehend ironischen Introduktion, ironisch gemeint. Die Ironie distanziert scheinbar den Autor von seiner Erfindung und erlaubt ihm gleichzeitig, sich ihr vergnügt hinzugeben.

> *»Ein Junge«, sagte jener Herr Matzerath, der in sich meinen Vater vermutete. »Er wird später einmal das Geschäft übernehmen. Jetzt wissen wir endlich, wofür wir uns so abarbeiten.«*
>
> *Mama dachte weniger ans Geschäft, mehr an die Ausstattung ihres Sohnes: »Na, wußt' ich doch, daß es ein Jungchen ist, auch wenn ich manchmal jesagt hab', es wird ne Marjell.«*
>
> *So machte ich verfrühte Bekanntschaft mit weiblicher Logik und hörte mir hinterher an: »Wenn der kleine Oskar drei Jahre alt ist, soll er eine Blechtrommel bekommen.«* (45)

Diese Oskars Weltbild sogleich bestätigende Szene leitet zu einem der virtuos assoziativen Prosa-Exkurse über, für die der Autor Grass berühmt geworden ist:

Längere Zeit mütterliches und väterliches Versprechen gegeneinander abwägend, beobachtete und belauschte ich, Oskar, einen Nachtfalter, der sich ins Zimmer verflogen hatte. Mittelgroß und haarig umwarb er die beiden Sechzig-Watt-Glühbirnen, warf Schatten, die in übertriebenem Verhältnis zur Spannweite seiner Flügel den Raum samt Inventar mit zuckender Bewegung deckten, füllten, erweiterten. Mir blieb jedoch weniger das Licht- und Schattenspiel, als vielmehr jenes Geräusch, welches zwischen Falter und Glühbirne laut wurde: Der Falter schnatterte, als hätte er es eilig, sein Wissen loszuwerden, als käme ihm nicht mehr Zeit zu für spätere Plauderstunden mit Lichtquellen, als wäre das Zwiegespräch zwischen Falter und Glühbirne in jedem Fall des Falters letzte Beichte und nach jener Art von Absolution, die Glühbirnen austeilen, keine Gelegenheit mehr für Sünde und Schwärmerei.

Heute sagt Oskar schlicht: Der Falter trommelte. Ich habe Kaninchen, Füchse und Siebenschläfer trommeln hören. Frösche können ein Unwetter zusammentrommeln. Dem Specht sagt man nach, daß er Würmer aus ihren Gehäusen trommelt. Schließlich schlägt der Mensch auf Pauken, Becken, Kessel und Trommeln. Er spricht von Trommelrevolvern, vom Trommelfeuer, man trommelt jemanden heraus, man trommelt zusammen, man trommelt ins Grab. Das tun Trommelknaben, Trommelbuben. Es gibt Komponisten, die schreiben Konzerte für Streicher und Schlagzeug. Ich darf an den Großen und Kleinen Zapfenstreich erinnern, auch auf Oskars bisherige Versuche hinweisen; all das ist nichts gegen die Trommelorgie, die der Nachtfalter anläßlich meiner Geburt auf zwei simplen Sechzig-Watt-Glühbirnen veranstaltete. Viel-

leicht gibt es Neger im dunkelsten Afrika, auch solche in Amerika, die Afrika noch nicht vergessen haben, vielleicht mag es diesen rhythmisch organisierten Leuten gegeben sein, gleich oder ähnlich meinem Falter oder afrikanische Falter imitierend - die ja bekanntlich noch größer und prächtiger als die Falter Osteuropas sind - zuchtvoll und entfesselt zugleich zu trommeln; ich halte meine osteuropäischen Maßstäbe, halte mich also an jenen mittelgroßen, bräunlich gepuderten Nachtfalter meiner Geburtsstunde, nenne ihn Oskars Meister. (45f)

Ein sinnlich-rhythmischer Wortwirbel, ein assoziativer Nonsens-Essay zu den Themen Licht und Schatten, Natur, Vergänglichkeit, Musik, Geographie, Biologie: glänzend formuliert, mit Welt- und Wortassoziationen angereichert, dabei witzige Aperçus, Mutmaßung und Lügen elegant mischend. Man kann ihn als lyrischen Erguss zum Thema Trommel und Tod lesen: Der Falter trommelt sterbend, der Specht trommelt Würmer aus ihren Gehäusen, von Trommelrevolvern und Trommelfeuern ist die Rede, man trommelt ins Grab. »Das tun Trommelknaben, Trommelbuben.« Eine Berufung Oskars als Todestrommler könnte hier anklingen, bricht aber ab. Konkreter führt der Monolog in Oskars Leben das Element der Kunst ein. Er endet in der philosophischen Pointe, dass der künftige Zaubertrommler Oskar, sich an seine »osteuropäischen Maßstäbe« haltend, nur in einem »mittelgroßen, bräunlich gepuderten Nachtfalter« seinen Meister sehe. Der durchschnittliche haarige Stubenfalter triumphiert über die trommelnd sich aufspielende Welt und erregt des kleinen Oskar Genie. Die Passage ist eine Demonstration rauschhafter Täuschungsprosa.

Übergangslos folgt ein weiterer, ebenso unbefangen ironisch-narzisstischer Exkurs, der das rhetorische Arsenal um das Element der Parodie erweitert:

Es war in den ersten Septembertagen. Die Sonne stand im Zeichen der Jungfrau. Von fernher schob ein spätsommerliches Gewitter, Kisten und Schränke verrückend, durch die Nacht. Merkur machte mich kritisch, Uranus einfallsreich, Venus ließ mich ans kleine Glück, Mars an meinen Ehrgeiz glauben. Im Haus des Aszendenten stieg die Waage auf, was mich empfindlich stimmte und zu Übertreibungen verführte. Neptun bezog das zehnte, das Haus der Lebensmitte und verankerte mich zwischen Wunder und Täuschung. Saturn war es, der im dritten Haus in Opposition zu Jupiter mein Herkommen in Frage stellte. Wer aber schickte den Falter und erlaubte ihm und dem oberlehrerhaften Gepolter eines spätsommerlichen Donnerwetters, in mir die Lust zur mütterlicherseits versprochenen Blechtrommel zu steigern, mir das Instrument immer handlicher und begehrlicher zu machen? (46f)

Parodiert wird der Anfang von Goethes »Dichtung und Wahrheit«[41]. Die pompöse Ouvertüre einer staatstragend sich gebenden Autobiographie als Urbild für den Beginn der Gaunersaga vom kleinen Oskar aus Langfuhr: Das ist ein schön respektloser Einfall, den Oskar zu fröhlicher Selbstdarstellung nutzt, während er nebenbei einen weiteren Beweis seiner sprachlichen Vielseitigkeit liefert: Der Stil ist hier nicht dynamisch perkussiv, sondern heiter und anmutig. Das Ganze wird nicht nur durch die parodistische Unverhältnismäßigkeit, sondern auch (noch mal) durch den Nachtfalter ironisiert, der, bedeutsamer als alle Gestirne, die Bestimmung des kleinen Oskar zum Trommler befördert.

Solchermaßen in die Welt eingeführt, »empfindlich«, »zu Übertreibungen« neigend, »zwischen Wunder und Täuschung verankert«, fällt Oskar seine erste Entscheidung:

Äußerlich schreiend und einen Säugling blaurot vortäuschend, kam ich zu dem Entschluß, meines Vaters Vorschlag, also alles, was das Kolonialwarengeschäft betraf,

schlankweg abzulehnen, den Wunsch meiner Mama je-
doch zu gegebener Zeit, also anläßlich meines dritten Ge-
burtstages, wohlwollend zu prüfen. Neben all diesen
Spekulationen, meine Zukunft betreffend, bestätigte ich
mir: Mama und jener Vater Matzerath hatten nicht das
Organ, meine Einwände und Entschlüsse zu verstehen
und gegebenenfalls zu respektieren. Einsam und unver-
standen lag Oskar unter den Glühbirnen, folgerte, daß
das so bleibe, bis sechzig, siebenzig Jahre später ein end-
gültiger Kurzschluß aller Lichtquellen Strom unterbre-
chen werde, verlor deshalb die Lust, bevor dieses Leben
unter den Glühbirnen anfing; und nur die in Aussicht ge-
stellte Blechtrommel hinderte mich damals, dem Wunsch
nach Rückkehr in meine embryonale Kopflage stärkeren
Ausdruck zu geben. (47)

Ein überraschender Anfall von Weltschmerz: Die Welt ist für
Oskar da, aber sie versagt. Oskar beklagt auf einmal seine Einsamkeit und Unverstandenheit, »folgert[e], daß das so bleibe«
(warum eigentlich?) und würde deshalb die Welt, die ihn so
aufmerksam empfangen hat, am liebsten gleich wieder verlassen. Ist diese Einlage Koketterie, oder soll sie die lakonische
Pointe vorbereiten, die das opulente Kapitel beschließt?

Zudem hatte die Hebamme mich schon abgenabelt; es
war nichts mehr zu machen. (47)

Zwischenbilanz

Inzwischen hat der Leser die Hauptmerkmale des Buches kennengelernt: den temperamentvollen, pompös-subversiven
Grass-Ton, dessen Sinnlichkeit, die syntaktische und rhythmi-
sche Beweglichkeit, den ironischen Einfallsreichtum. Er hat
das Milieu erfasst, in dem die Geschichte spielt, und ihr holz-
schnittartiges Personal. Insbesondere hat er im infantilen

Übermenschen Oskar den Treibsatz kennengelernt, der den Roman befeuert. Wie lässt sich von diesen Komponenten auf die Deutung des Autors schließen?

Auffälligste stilistische Merkmale sind auf den ersten Blick die ausladenden, rhythmisch prunkenden Exkurse und die Dauerironie. Auffälligstes inhaltliches Merkmal ist die Erfindung des monströsen Oskar.

Auf den zweiten Blick fällt auf, dass alle drei Elemente, so extensiv und großartig sie angelegt sind, ins Leere laufen.

Die Soli enden bei allen kühnen Ellipsen in einer Art Rücknahme: Der poetologische Exkurs in der Nonsens-Pointe über das Oskar-Bruno-Heldenkollektiv, der Trommel-Exkurs bei einem Nachtfalter, die Goethe-Parodie bei einer Blechtrommel. All diese Pointen sind natürlich ironisch, also bewusst eingesetzt. Wozu? Gezeigt wurde jeweils ein großer Gestus, der in sich zusammenfällt. Dieses kompositorische Element erstreckt sich auch auf den Stoff: Der grandiose kleine Oskar weiß zwar von der ersten Sekunde seines Lebens an alles und ist unbeeinflussbar, unterwirft dann aber seine Lebensentscheidung der Routine einer Hebamme.

Die Dauerironie hebt sich selber auf. Ironie (griechisch *eironeia*) heißt Verstellung: Etwas wird mehr oder weniger demonstrativ anders gesagt, als es gemeint ist. Traditionell dient dieses rhetorische Mittel der komischen Entwertung eines Gegenstandes unter dem Anschein der Billigung oder des Lobes. Der »uneigentliche« ironische Ton steht für Raffinement und vermittelt den Eindruck geistiger Überlegenheit. Hier aber wird zum einen ein anspruchsloses Personal ironisiert, dessen Entwertung keiner geistigen Überlegenheit bedarf, zum anderen in der Figur Oskars eine phantastische Erfindung, deren Irrealität ohnehin klar ist. Warum muss so deutlich betont werden, dass diese Erfindung ein Spaß ist? Durch welche Erkenntnis ist der überlegene Gestus gedeckt? Welche Rolle spielt eine Ironie, die sich in der Aussage erschöpft, dass man sich selbst nicht ernst nehme? Bisher hat die *Blechtrommel-*

Ironie hauptsächlich den Zweck erfüllt, ihren Autor unangreifbar zu machen.

Die Erfindung des grandiosen Oskar nun ist der Coup des Romans. Phantastische Figuren finden sich vor allem in der archaischen (Götter-, Heldensagen) und der mystischen Literatur. Sie tauchen selten isoliert auf, sondern meist als Exponenten einer Gegenwelt, von der aus die normalen menschlichen Verstrickungen auf außergewöhnliche Weise beleuchtet werden, wobei interessanterweise sowohl Tragik als auch Komik der Menschenebene auf die Götterebene übergreifen. Manchmal sind die phantastischen Elemente durch Traum und Rausch begründet wie bei E.T.A. Hoffmann und E.A. Poe, wobei ebenfalls eine Symmetrie besteht: nicht nur die Grandiosität, sondern auch ihr Gegenpol, Zerstörung und Entsetzen, werden im Phantastischen überhöht. Eine schlichte einseitige Größenphantasie, die sich vor allem durch die Überlegenheit der Zentralfigur über ihre Umwelt auszeichnet, findet sich sonst nur in der Trivial- und Jugendliteratur (*Old Shatterhand*, *Harry Potter*). Grass nun hat es gewagt, eine solch grandiose Figur in einem scheinbar realistischen Roman einzusetzen, um sie auf nichts Geringeres als das »Tausendjährige Reich« loszulassen. Aber auch die Kühnheit dieser Erfindung wurde schon im Ansatz zurückgenommen: Der grandiose Oskar wird nicht etwa Verantwortung übernehmen, und sei es auch nur über einen Kolonialwarenladen, sondern sogleich in den Mutterbauch zurückstreben, seine Träume auf eine Kindertrommel konzentrieren und sich mit Verstellung tarnen.

Wir erkennen bisher also lauter ungewöhnlich starke und brillant ausgeführte, expansive Elemente, die sich in überraschender Weise selbst genügen. Der Gestus ist großspurig, scheinbar unbekümmert, der deutende Zugriff auf die Welt aber auffällig bescheiden. Es werden nur kleine, unkomplizierte Ausschnitte der Realität präsentiert; die Hauptenergie des Autors schießt ins Ornamentale. Stil wie Erfindung sind im Verhältnis zum Stoff überproportioniert. Der Ton verpufft effektvoll zwischen Bravour und Koketterie. Wo liegt der Schwerpunkt der Deutung? Weder ist ein vom Erzähler unabhängiges Weltmodell entstanden, noch wurde deutlich, wie der Erzähler zu seinem Modell steht. Seine einzige Deutung beschränkte sich auf eine vordergründige, oft entwertende Komik.

Diese Komik ist bisher der einzige deutungsrelevante Anhaltspunkt. Komik vergrößert, nach einem Wort von Friedrich Dürrenmatt, die Distanz zum Gegenstand, ist also ein Mittel, diesem Gegenstand die Nähe und somit Bedrohlichkeit zu nehmen. Grass' Komik gilt vor allem der Beschränktheit seiner Figuren. Man kann annehmen, dass das symptomatische Bedeutung hat.

Von unserer persönlichen Bewertung all dieser Komponenten wird in den meisten Fällen abhängen, ob wir weiter lesen oder nicht. Wer Sprachmacht, ästhetisches Vermögen und elementare Musikalität unabhängig vom Inhalt genießen kann, wird ebenso auf seine Kosten kommen wie der Liebhaber der Grandiosität. Wer in der Literatur verbindliche, differenzierte Welt-Deutung sucht, hat Grund, verunsichert zu sein.

Ich habe hier einige sprachliche und formale Charakteristika festgestellt und möchte im Folgenden an Stichproben untersuchen, ob sich die Diagnose in Erfindung und Durchführung bestätigen wird, welche Grunderfahrung die Deutung möglicherweise bestimmt und wie ihre enorme Wirkung zu erklären ist.

Vorher aber ein paar grundsätzliche Bemerkungen zur Größenphantasie, da sie fundamental mit unserer Welt- und Selbstdeutung, also dem Erzählen überhaupt zu tun hat, weit über die *Blechtrommel* hinaus.

Die Größenphantasie – kurzer psychologischer Exkurs

Die Größen- oder Grandiositätsphantasie ist eine Wunschvorstellung, die der Mensch von sich entwirft, um sein erschüttertes Selbstgefühl zu stützen. Sie gehört zu unserer psychischen Grundausstattung. Im Normalfall stellt sie, gewissermaßen als Leitfigur unserer Tagträume, unser im Alltag strapaziertes seelisches Gleichgewicht wieder her, wobei wir uns über den Illusionscharakter dieser Träume im Klaren sind: Wir nehmen uns dafür eine Art Auszeit und lesen etwa *Harry Potter*. Im unglücklichen Fall geht die Distanz zum grandiosen Ich verloren, was Realitätsverlust und böse Abstürze bedeuten kann. Im pathologischen Fall schließlich identifiziert sich das Individuum mit dem grandiosen Ich; das führt zum bekannten Größenwahn. Natürlich finden sich alle denkbaren Zwischenformen. Sein Größenselbst bewusst als Phantasie wahrzunehmen und somit zu neutralisieren ist wohl eine entscheidende binnenzivilisatorische Aufgabe des Individuums.

Da das Selbstbild eines Menschen all seine Erzählungen bestimmt, spielt auch sein Größenselbst in sie hinein, je dominanter es ist, desto mehr. Ein Mensch, der gern stark wäre, wird Niederlagen ungern zugeben; das ist normal. Einer aber, der sich für unbesiegbar hält, wird sie abstreiten oder verdrängen müssen. Jeder nimmt seine Umwelt im Verhältnis zu seinem Selbstbild wahr: Verzerrt er sein Selbstbild zu seinen Gunsten, muss er spiegelbildlich seine Umwelt zu ihren Ungunsten verzerren. Wer übergroß sein will, muss andere klein machen. Je überlegener er sich inszeniert, desto unterlegener müssen jene sein. Wer sich als moralischer Übermensch sieht, muss von moralischen Untermenschen umgeben sein, will er sich seine Konflikte erklären. Je schwächer einer sich fühlt, desto großartiger wird er sich phantasieren, so wie wohl der Hungrigste am heftigsten vom Essen träumt.

Grass' Oskar repräsentiert nicht nur ein dominantes, sondern ein hypertrophes Größenselbst: Er ist nicht mal biologischen Gesetzen unterworfen. Faszinierenderweise gilt nun das Verhältnis Selbstbild / Umwelt, von dem ich im letzten Absatz sprach, auch für die künstlerische Erfindung: Ebenso wie der überlegene Held eine unterlegene Umwelt benötigt, braucht der phantastisch überlegene Oskar eine phantastisch unterlegene Umwelt, um zu funktionieren. Die literarische Größenphantasie macht also nicht freier als die realistische Erfindung, sie macht im Gegenteil sogar unfrei. Gerade die Größenlust ist besonders dringlich determiniert und bedarf zu ihrer Erfüllung einer besonders starken Verzerrung der Realität.

Was kann das bringen?

Sehen wir uns die Folgen genauer an.

Oskars Matzeraths Entwicklung

Wenn Oskar »zu den hellhörigen Säuglingen [gehört], deren geistige Entwicklung schon bei der Geburt abgeschlossen ist und sich fortan nur noch bestätigen muß« (45), bedeutet das, dass seine virtuelle Existenz nur in der fortgesetzten Bestätigung seiner Überlegenheit bestehen kann. Dem Autor bedeutet Überlegenheit anscheinend viel. Das wäre legitim. Aber es hat Konsequenzen, denn wenn die Zentralfigur sich nicht entwickelt, droht Langeweile. Die fehlende innere Bewegung muss also durch mechanische Veränderungen und Umbauten ausgeglichen werden. Wie geht es mit Oskar weiter?

Zunächst erleben wir eine Überraschung: Oskar will bei aller Grandiosität nicht groß werden. Daher inszeniert der Dreijährige einen Treppensturz, der seine Wachstumsblockade zu begründen scheint. Oskar hält es für besser, den Sinn dieses Manövers seinen Eltern zu verheimlichen. Fortan werden die Erwachsenen Oskar noch mehr unterschätzen. Sie werden ihn seiner äußeren Erscheinung nach als Kleinkind behandeln und sich ihm gegenüber zusätzliche Blößen geben. Aus der Täuschung und Bloßstellung der Erwachsenen wird Oskar im wesentlichen seinen Lustgewinn beziehen.

Weiterer Umbau: Oskar gewinnt übernatürliche Talente. Er kann mit seiner Kinderblechtrommel Menschen bezaubern und mit seiner schrillen Stimme Glas zersingen. Er wird mit diesen Talenten sowie mit seiner Fähigkeit zur Verstellung

Langfuhr aufmischen: Die scheinbare Schwächung hat sich in zusätzliche Stärke verwandelt. Sie erlaubt Oskar, eine Nazi-Parade zu sabotieren, eine kriminelle Jugendbande zu führen und seine beiden Väter zu Tode zu bringen. Er wird aber nie zur Rechenschaft gezogen werden, da er immer im entscheidenden Augenblick den harmlosen Dreijährigen mimt. Erst nach dem Zusammenbruch des »Dritten Reichs« wird er dreißig Zentimeter zulegen und einen Buckel bekommen. Er wird im Wirtschaftswunderwesten leben, als Zaubertrommler immer größere Auditorien hypnotisieren und Hunderte Zuschauer in hosennässende Regression versetzen, bis er sich entschließt, in die Heil- und Pflegeanstalt einzufahren. Am Ende des Romans ist er dreißig und überlegt, wie es weitergehen soll; er prüft verschiedene Optionen, unter anderem traut er sich zu, Schriftsteller zu werden.

Oskars Umwelt

Wenn Oskars Karriere in der Bestätigung seiner Überlegenheit besteht, muss entsprechend die Unterlegenheit seiner Umwelt bestätigt werden. Oskars infantiler Triumphzug führt also über einen Haufen halbschlauer Figuren.

Wir lernen kennen: Oskars Kernfamilie, Verwandte, mehr oder weniger spießige und schrullige Nachbarn und Kinder, Nazis, einen jüdischen Spielwarenhändler, polnische Postbeamte, kleinwüchsige Zirkusartisten u.v.m. Sie haben treffend erfundene Namen und stereotype Verhaltensweisen. Als Figuren prägen sie sich ein. Vater Matzerath kann gut kochen und ist beschränkt. Jan Bronski, der Liebhaber der Mutter, ist blauäugig, hübsch und feige. Keine dieser Figuren macht eine Entwicklung durch. Sie alle bleiben statisch.

Daneben gibt es weibliche Figuren. Oskars Mutter etwa arbeitet fleißig im Kolonialwarenladen, paart sich jeden Donnerstag mit ihrem Liebhaber Jan in einem Stundenhotel und geht ebenso regelmäßig beichten. Oskars Großmutter gewährt dem Enkel wie schon dem Großvater Unterschlupf unter ihren Röcken. Da Frauen Oskars einzige Schwäche sind, werden sie besonders hingebungsvoll beschrieben. Anbei fünf Beispiele. Das erste: Oskar, wegen Glaszersingens der Schule verwiesen, bekommt Leseunterricht von einer Nachbarin und übt das Vorlesen unter anderem an einem Buch über Rasputin und die Frauen.

Schlimm wurde es, wenn Mama in den Kleinhammerweg mitkam und in der Wohnung über der Bäckerei meinem Unterricht beiwohnte. Das artete manchmal zur Orgie aus, das wurde Selbstzweck und kein Unterricht für Klein-Oskar mehr, das gab bei jedem dritten Satz zwei-stimmiges Gekicher, das ließ die Lippen trocken und ris-sig werden, das rückte die beiden verheirateten Frauen, wenn Rasputin es nur wollte, immer näher zusammen, das machte sie unruhig auf Sofakissen, das brachte sie auf den Gedanken, die Schenkel zusammenzupressen, da wurde aus anfänglichem Gekalber schlußendliches Seuf-zen, da hatte man nach zwölf Seiten Rasputinlektüre, was man vielleicht gar nicht gewollt, kaum erwartet hatte, aber am hellen Nachmittag gerne mitnahm, wogegen Ra-sputin sicher nichts einzuwenden gehabt hätte, was er vielmehr gratis und bis in alle Ewigkeit austeilen wird. (97)

Zweites Beispiel: Oskar schlüpft gern unter die Röcke seiner Großmutter.

Mit meiner Trommel über die Dielen rutschend, ein Bein unterschlagend, das andere gegen die Möbel stemmend, schob ich mich in Richtung des großmütterlichen Berges, hob, am Fuße angelangt, mit den Trommelstöcken die vierfache Hülle, war schon darunter, ließ den Vorhang viermal und gleichzeitig fallen, blieb ein Minütchen lang still und ergab mich ganz, mit allen Poren atmend, dem

strengen Geruch leicht ranziger Butter, der immer und
durch keine Saison beeinflußt unter jenen vier Röcken
vorherrschte. Erst dann begann Oskar zu trommeln.
Wußte er doch, was seine Großmutter gerne hörte, und so
trommelte ich oktoberliche Regengeräusche, ähnlich
jenen, die sie damals hinter dem Kartoffelkräuterfeuer ge-
hört haben muß, als ihr der Koljaiczek mit dem Geruch
eines heftig verfolgten Brandstifters unterlief. Einen fei-
nen schrägen Regen ließ ich aufs Blech fallen, bis über mir
Seufzer und heilige Namen laut wurden, und es bleibt
Ihnen überlassen, hier jene Seufzer und heiligen Vorna-
men wiederzuerkennen, die damals im Jahre neunund-
neunzig laut wurden, als meine Großmutter im Regen saß
und der Koljaiczek im Trockenen. (235)

Drittes Beispiel: Später, nach ersten Liebesübungen mit seiner
künftigen Stiefmutter Maria, hält sich Oskar an die ältliche
Nachbarin Lina Greff. Dort läuft der kleingebliebene Siebzehnjährige bereits zu grosser Form auf:

Es gelang mir wortwörtlich im Greffschen Schlamm
Schaum zu schlagen […]. Wenn mir Maria im naiv betö-
renden Vanillenebel die kleine Form nahelegte, mich mit
Lyrismen wie Brausepulver und Pilzsuche vertraut
machte, kam ich im streng säuerlichen, vielfach gewobe-
nen Dunstkreis der Greffschen zu jenem breit epischen
Atem, der mir heute erlaubt, Fronterfolge und Betterfolge
mit einem Satz zu nennen. Musik! Von Marias kindlich
sentimentaler und dennoch so süßer Mundharmonika di-
rekt aufs Dirigentenpult; denn Lina Greff bot mir ein Or-
chester, so breit und tief gestaffelt, wie man es allenfalls
in Bayreuth oder Salzburg finden kann. Da lernte ich das
Blasen, Klimpern, Pusten, Zupfen, Streichen, ob General-
baß oder Kontrapunkt, ob es sich um Zwölftöner, Neutö-
ner handelte, der Einsatz beim Scherzo, das Tempo beim
Andante, mein Pathos war streng trocken und weich flu-

tend zugleich; Oskar holte das Letzte aus der Greffschen
heraus und blieb dennoch unzufrieden, wenn nicht unbe-
friedigt, wie es sich für einen echten Künstler gehört. (340)

Der kleine Oskar verfügt über magische Manneskraft: Indem
er aus einem Rasputin-Buch vorliest oder unter Röcken leise
trommelt, kann er Frauen zum Orgasmus bringen. Die Frau
Greff beherrscht der körperlich Dreijährige sexuell nach Be-
lieben, wobei er mehr aus dieser Beherrschung als aus eigner
Erfüllung seine Lust zu ziehen scheint. Zur triumphierenden
Größenphantasie gehört auch die sexuelle Macht.[42]

Eine weitere Determination der Grandiosität: So, wie der
schlaue Oskar von Dummköpfen umgeben sein muss, trifft der
potente Oskar auf dauerhaft geschlechtslustige Frauen. Nicht
nur Oskar kommt leicht zum Ziel.

Viertes Beispiel: Oskars Mutter hat sich über ihren Gatten
geärgert, flüchtet ins Schlafzimmer und wirft sich weinend aufs
Bett. Liebhaber Jan kommt herein, um sie zu trösten. Oskar,
im Schrank versteckt, wird Zeuge folgender Szene:

> *[Jan] setzte sich vorsichtig auf die Bettkante, streichelte*
> *der auf dem Bauch liegenden Mama Rücken und Gesäß,*
> *sprach beschwichtigend kaschubisch auf sie ein und fuhr*
> *ihr schließlich – weil Worte nicht mehr halfen – mit der*
> *Hand unter den Rock, bis sie aufhörte zu wimmern [...].*
> *Man muß das gesehen haben, wie Jan nach getaner Arbeit*
> *aufstand, sich die Finger mit einem Taschentuch betupfte,*
> *dann Mama laut und nicht mehr kaschubisch, damit es*
> *Matzerath im Wohnzimmer oder in der Küche verstehen*
> *konnte, Wort für Wort betonend aussprach:* »Nu komm,
> Agnes, wir wolln das jetzt endlich vergessen...« (171)

Fünftes Beispiel: Nachkriegszeit, Düsseldorf, Maleratelier.

> *Anders verhielt es sich mit dem Maler Raskolnikoff, der*
> *mit Ulla, ohne ihr nahe zu treten, intimsten Umgang*

pflegte. So ließ er sie auf der Drehscheibe mit weitgeöff-
neten Beinen posieren, malte jedoch nicht, sondern nahm
einige Schrittchen entfernt auf einem Schemel ihrer Scham
gegenüber Platz, starrte, von Schuld und Sühne ein-
dringlich flüsternd, in diese Richtung, bis die Scham der
Muse feucht wurde, sich öffnete und auch Raskolnikoff
durch bloßes Reden und Hinsehen zum befreienden Er-
gebnis kam, aufsprang vom Schemel und der Madonna
49 auf der Staffelei mit grandiosen Pinselhieben zusetzte.
(530)

Pornographie? Im landläufigen Sinn sicher nicht, dafür ist es
weder platt noch monoton genug. Sprachlich sind es Kabi-
nettstücke: Einschlägige Vokabeln und vulgäre Ausdrücke fehlen fast völlig, trotzdem ist die Darstellung unmissverständlich.
In ihrer artistischen Schlüpfrigkeit erregten diese Passagen
1959 die Gemüter so sehr, dass dem Autor der Bremer Literaturpreis vorenthalten wurde – Stadträte weigerten sich, die
Entscheidung der Jury zu bestätigen.

Auffällig ist, jenseits des Pornographie-Diskussion, die Be-
tonung der körperlichen Aktion sowie der Verzicht aufs Individuelle. Die Frauen unterscheiden sich kaum voneinander.
Ihre Sexualität funktioniert mechanisch, seelische Bewegung
fehlt. Alle natürlichen und gesellschaftlichen Verwicklungen,
alles Lügnerische, Selbstsüchtige und Tragische des Ge-
schlechtslebens wird ausgespart. In seiner Deutung des Ge-
schlechtlichen neigt der Autor zu Verharmlosung. Sogar eine
Serienvergewaltigung durch russische Soldaten macht der Frau
Spaß:

Die Greffsche, die solch zügigen Andrang nach so langer
Witwenschaft und vorhergehender Fastenzeit kaum er-
wartet hatte, schrie anfangs noch vor Überraschung, fand
sich dann aber schnell in jene ihr fast in Vergessenheit ge-
ratene Lage. (439)

141

Auch ging uns die Greffsche [...] diesmal nicht zur Hand,
denn die hatte die Wohnung voller Russen; man hörte sie
singen. (446)

Triumph und Allmacht

Oskar hat noch andere magische Fähigkeiten. Mit seiner Blech-
trommelei vermag er Menschen zu hypnotisieren. Mit seiner
Stimme zersingt er Glas.

Berühmt wurde das Kapitel, in dem Oskar, unter einer Tribüne versteckt, eine Nazi-Kundgebung sabotiert, indem er mit
seiner Kindertrommel die Marschkapelle vom Rhythmus ab-
bringt.

Unter dem Rednerpult hockte ich. Links und rechts von
mir und über mir standen breitbeinig, und wie ich wußte,
mit verkniffenem, vom Sonnenlicht geblendeten Augen
die jüngeren Trommler des Jungvolks und die älteren der
Hitlerjugend. Und dann die Menge. Ich roch sie durch
die Ritzen der Tribünenverschalung. Das stand und be-
rührte sich mit Ellenbogen und Sonntagskleidung, das
war zu Fuß gekommen oder mit der Straßenbahn, das
hatte zum Teil die Frühmesse besucht und war dort nicht
zufriedengestellt worden, das war gekommen, um seiner
Braut am Arm etwas zu bieten, das wollte mit dabei sein,
wenn Geschichte gemacht wird, und wenn auch der Vor-
mittag dabei draufging.

Nein, sprach sich Oskar zu, sie sollen den Weg nicht
umsonst gemacht haben. Und er legte ein Auge an ein
Astloch in der Verschalung, bemerkte die Unruhe von der
Hindenburgallee her. Sie kamen! Kommandos wurden
über ihm laut, der Führer des Spielmannszugs fuchtelte
mit seinem Tambourstab, die hauchten ihre Fanfaren an,
die paßten sich das Mundstück auf, und schon stießen sie

in übelster Landsknechtsmanier in ihr sidolgeputztes Blech, daß es Oskar weh tat […].

Die Trommel lag mir schon maßgerecht. Himmlisch locker ließ ich die Knüppel in meinen Händen spielen und legte mit Zärtlichkeit in den Handgelenken einen kunstreichen, heiteren Walzertakt auf mein Blech, den ich immer eindringlicher, Wien und die Donau beschwörend, laut werden ließ, bis oben die erste und zweite Landsknechttrommel an meinem Walzer Gefallen fand, auch Flachtrommeln der älteren Burschen mehr oder weniger geschickt mein Vorspiel aufnahmen. Dazwischen gab es zwar Unerbittliche, die kein Gehör hatten, die weiterhin Bumbum machen, und Bumbumbum, während ich doch den Dreivierteltakt meinte, der so beliebt ist beim Volk. Schon wollte Oskar verzweifeln, da ging den Fanfaren ein Lichtchen auf, und die Querpfeifen, oh Donau, pfiffen so blau. Nur der Fanfarenzugführer und auch der Spielmannszugführer, die glaubten nicht an den Walzerkönig und schrien ihre lästigen Kommandos, aber ich hatte die abgesetzt, das war jetzt meine Musik. Und das Volk dankte es mir. Lacher wurden laut vor der Tribüne, da sangen schon welche mit, oh Donau, und über den ganzen Platz, so blau, bis zur Hindenburgallee, so blau und zum Steffenspark, so blau, hüpfte mein Rhythmus, verstärkt durch das über mir vollaufgedrehte Mikrophon. Und als ich durch mein Astloch hindurch ins Freie spähte, doch dabei fleißig weitertrommelte, bemerkte ich, daß das Volk an meinem Walzer Spaß fand, aufgeregt hüpfte, es in den Beinen hatte: schon neun Pärchen und noch ein Pärchen tanzten, wurden vom Walzerkönig gekuppelt. Nur dem Löbsack, der mit Kreisleitern und Sturmbannführern, mit Forster, Greiser und Rauschning, mit einem langen braunen Führungsstabschwanz mitten in der Menge kochte, vor dem sich die Gasse zur Tribüne schließen wollte, lag erstaunlicherweise der Walzertakt nicht. Der war gewohnt, mit gradliniger Marschmusik zur Tribüne ge-

schleust zu werden. Dem nahmen nun diese leichtlebigen Klänge den Glauben ans Volk. Durchs Astloch sah ich seine Leiden. Es zog durch das Loch. Wenn ich mir auch fast das Auge entzündete, tat er mir dennoch leid, und ich wechselte in einen Charleston, »Jimmy the Tiger« […].
Es war […] nichts mehr zu retten. Das Volk tanzte sich von der Maiwiese, bis die zwar arg zertreten, aber immerhin grün und leer war. Es verlor sich das Volk mit »Jimmy the Tiger« in den weiten Anlagen des angrenzenden Steffensparkes. Dort bot sich Dschungel, den Jimmy versprochen hatte, Tiger gingen auf Sammetpfötchen, ersatzweise Urwald fürs Volk, das eben noch auf der Wiese drängte. Gesetz ging flöten und Ordnungssinn. […]
Dann bleibt noch zu sagen, daß Oskar das Innere der Tribüne nicht sogleich verlassen konnte, da Abordnungen der SA und SS über eine Stunde lang mit Stiefeln gegen Bretter knallten, sich Ecklöcher ins braune und schwarze Zeug rissen, etwas im Tribünengehäuse zu suchen schienen: einen Sozi womöglich oder einen Störtrupp der Kommune. Ohne die Finten und Täuschungsmanöver Oskars aufzählen zu wollen, sei hier kurz festgestellt: Sie fanden Oskar nicht, weil sie Oskar nicht gewachsen waren. (127ff)

Vordergründig kann man die Szene als Provokation durch Fröhlichkeit lesen, als unbeschwert humorvolle Herausforderung einer tumben Staatsmacht. Ich halte das aber für eine Nebenbedeutung, denn als die Szene geschrieben wurde, existierte die gemeinte Staatsmacht nicht mehr. Die Fröhlichkeit ist das Ergebnis einer bewusst aggressiven und höhnischen Inszenierung. Allmachtsphantasie auch hier: Oskar unterwirft – nicht mit Gewalt, sondern magisch verführerisch (»himmlisch locker«, »Zärtlichkeit in den Handgelenken«), heimlich aus einem Versteck heraus – die Massen. Formal haben wir eine rauschhafte Suada in genießerisch freier Syntax (»da sangen schon welche mit, oh Donau, und über den ganzen Platz, so blau, bis zur Hindenburgallee, so blau und zum Steffenspark, so blau, hüpfte mein Rhythmus«). Auch perspektivische Freiheit nimmt sich der Erzähler: Obwohl er unter der Tribüne versteckt ist und nur durch ein Astloch spicken kann, beschreibt er die Szene aus der Totale, im doppelten Sinn von oben herab. Oskar »weiß«, wie die Trommler über ihm aussehen, er »riecht« die Menge. Alle Beschreibungen der anderen – des Volkes, der Musiker, der Nazis – sind entwertend. Die Trommler haben »verkniffene, vom Sonnenlicht geblendete Augen«, »die Menge« wird nicht nur wie ein Tier in der dritten Person beschrieben (es), sondern mit dem distanzierenden hinweisenden Artikel ohne Substantiv (das): »Das« stand in Sonntagskleidung, war zu Fuß gekommen, in der Frühmesse »nicht zufriedengestellt worden«, »das« wollte mit dabei sein, wenn Geschichte gemacht wird«. Die Musiker beleidigen mit ihrem Unvermögen (»übelste Landsknechtsmanier«) sein Ohr. Sie nehmen sein Vorspiel nur »mehr oder weniger« geschickt auf, einige »Unerbittliche« haben überhaupt »kein Gehör« usw. Die Abordnungen der SA und SS finden Oskar nicht, obwohl sie eine Stunde lang das Gelände durchsuchen und sich sogar Ecklöcher ins »braune und schwarze« Gewand reißen: Sie sind dem Knirps »nicht gewachsen«.

Oskar dagegen strotzt vor Überlegenheit. Er weiß, was das Volk braucht, und beschließt, ihm was zu bieten. Mit seiner Kindertrommel übertönt er, wenn nicht physisch, dann magisch, das Orchester. Die »lästigen« Spielmannszugführer setzt er ab, »das war jetzt meine Musik«. Oskar befriedigt das Volk, das »an meinem Walzer Spaß fand, aufgeregt hüpfte, es in den Beinen hatte«. Aus Mitleid [!] mit dem Funktionär Löbsack wechselt Oskar den Rhythmus und katapultiert die übrigens nach »Tausenden und Abertausenden« zählende selige Volksmasse wieder aus dem Walzertakt, in den er sie eben noch versetzt hatte. Für die Staatsmacht ist da »nichts mehr zu retten«, »Gesetz ging flöten und Ordnungssinn«, weil Oskar es will.

Nach dem Krieg, in der Wirtschaftswunderwelt, beherrscht Oskar das Establishment mit seiner Trommel ebenso unangefochten. Nun freilich nicht mehr aus dem Versteck, sondern öffentlich auf der Bühne, ein Star der Kneipen und Variétés:

> *Alte Wege trommelte ich hin und zurück, machte die Welt aus dem Blickwinkel der Dreijährigen deutlich, nahm die zur wahren Orgie unfähige Nachkriegsgesellschaft zuerst an die Leine [...] hatte sie schon so weit, daß sie die Unterkiefer hängenließen, sich bei den Händchen nahmen, die Fußspitzen einwärts schoben, mich, ihren Rattenfänger, erwarteten.«* (602)

Er lässt sie lachen und weinen, »formiert[e] den Kindergarten zum Umzug«, gaukelt ihnen eine Wiese mit Gänseblümchen vor, »die sie, die Damen und Herren, frohlockend pflücken durften«. Immerzu trommelnd »erlaubt[e]« er ihnen, »ein kleines Geschäftchen« zu machen. (603)

> *Und sie befriedigten ein Kleinkinderbedürfnis, näßten, alle, die Damen und Herren näßten, auch der Wirt Schmuh näßte, meine Freunde Klepp und Scholle näßten, selbst die ferne Toilettenfrau näßte, pißpißpißpiß machten sie, näßten alle die Höschen und kauerten sich dabei nieder und hörten sich zu. Erst als diese Musik verklungen war – Oskar hatte das Kinderorchester nur leichthin dröselnd begleitet –, leitete ich mit großem, direkten Schlag zur unbändigen Fröhlichkeit über.* (603)

Verglichen mit der Charleston-Nummer ist das nochmals eine Steigerung: die offene Unterwerfung und Erniedrigung eines masochistisch dankbaren, zahlenden Publikums; nun auch nicht mehr virtuos, sondern in auftrumpfend juvenilem Duktus beschrieben.

Wir haben hier das Musterbeispiel einer *magischen Deutung*, vergleichbar vielleicht der des kleinen Max, der an die Mauer schreibt: »Moritz ist doof!« Die Tat erleichtert Max und scheint Moritz zu bannen, was nachvollziehbar ist, aber über

Moritz wenig sagt. Auch die *Blechtrommel* weiß über die Nazis wenig anderes zu berichten, als dass sie dumm und blind waren. Das ist aber, wenn überhaupt, nur die halbe Wahrheit und erklärt die Epoche nicht. Denn »die Nazis« waren vielleicht dumm, aber effektiv. Und die Wirtschaftwundergesellschaft war vielleicht oberflächlich, aber in ihrer Genusssucht bestimmt nicht so anspruchslos wie hier beschrieben. Auch die imaginierten Rattenfänger-Triumphe sind, wie der sexuelle, mit Verharmlosung erkauft.

Warum eigentlich? Würde Oskars Überlegenheit nicht durch einen intelligenten, gefährlichen, raffinierten Gegner viel schöner bestätigt? Und wäre Oskars sexuelle Potenz, wenn sie ablehnende oder verklemmte Frauen erweckte, nicht überzeugender?

Mir fallen zwei Erklärungen ein. Die eine: Der Autor genießt einen Triumph über schwache Figuren einfach mehr. Die andere: Er ist sich seiner Überlegenheit nicht sicher. Das scheint mir plausibler. Die Größenphantasie als magische Deutung will die Außenwelt nicht erkennen, sondern beschwören. Sie entschärft die Welt durch Klischees und baut so Spannung ab. Denn sie wurzelt in Angst.

Moralische Macht

Jetzt fehlt noch eins: die Moral. Denn die Phantasie half zwar, Angst und Scham zu bannen, aber das reicht zur Größe nicht aus: Das Ich muss aufgewertet werden. Grandiosität zielt fast immer auf *äußere* Wertbestätigung, die fast immer mit positiven ethischen Begriffen ausgedrückt wird. Sogar Nazis argumentierten mit »Reinheit« und »Treue«, Mafiosi berufen sich auf »Ehre« und »Stolz«, militärische Aggressoren bringen »Freiheit« und »Demokratie«, und in nicht wenigen Computer-Ballerspielen geht es um die »Rettung der Welt«. Bei Oskar scheint das zwar anders zu sein – er richtet sich *gegen* das Wertsystem seiner Gesellschaft –, aber auch er beansprucht moralische Größe. Schon sein Entschluss, klein zu bleiben, ist ein moralisches Manifest:

> [...] ich blieb der Dreijährige, der Gnom, der Däumling, der nicht aufzustockende Dreikäsehoch blieb ich, um Unterscheidungen wie kleiner und großer Katechismus enthoben zu sein, um nicht als einszweiundsiebzig großer, sogenannter Erwachsener, einem Mann, der sich selbst vor dem Spiegel beim Rasieren, mein Vater nannte, ausgeliefert und einem Geschäft verpflichtet zu sein, das, nach Matzeraths Wunsch, als Kolonialwarengeschäft einem einundzwanzigjährigen Oskar die Welt der Erwachsenen bedeuten sollte. Um nicht mit einer Kasse klappern zu müssen, hielt ich mich an die Trommel und wuchs seit meinem dritten Geburtstag keinen Fingerbreit mehr, blieb der Dreijährige, aber auch Dreimalkluge, den die Erwachsenen alle überragten, der den Erwachsenen so überlegen sein sollte, der seinen Schatten nicht mit ihrem Schatten messen wollte, der innerlich und äußerlich vollkommen fertig war [...] (60f)

Oskars Moral definiert sich negativ, aus Ablehnung: des Katechismus (der katholischen Moral), des Mannes, der sich sein Vater nennt (Abstammung, Erwachsene), des Kolonialwarenladens (Erwerbswelt). Dafür bleibt er »dreimalklug«, »so überlegen«, »innerlich und äußerlich vollkommen fertig« – ein vielsagendes Wunschbild. Dass er »seinen Schatten nicht mit ihrem [der Erwachsenen] Schatten messen« will, mag bedeuten, dass er nicht mit deren Fehlern behaftet sein möchte.

Mit diesem Gegenprogramm sabotiert er die Gesellschaft, die als verächtlich empfunden wird, obwohl er den Grund ihrer Verächtlichkeit nicht nennt. Oskar geht nicht zur Schule, erlernt keinen Beruf und deutet sich nebenbei durchaus kaltblütig als potentielles Euthanasieopfer an. So unangenehm (infantil, renitent, destruktiv) er sich gibt: Seine Streiche gelten, mit zwei Ausnahmen, eher den Strukturen als den Personen und beziehen daraus ihre Rechtfertigung. Schaden und Moral werden sorgfältig gegeneinander aufgewogen.

Eine Zeitlang zum Beispiel pflegt der halbstarke Oskar nachts handgroße kreisrunde Löcher in Schaufenster zu singen, aber nicht, um sich zu bereichern, sondern um vorübergehende Erwachsene zum Griff in die Auslagen zu verführen. Oskar, der selbst natürlich frei ist von materiellem Begehren, gibt diese manipulative Übung als moralisch-philosophische Tat aus, wozu ihm unversehens ein großer epischer Überblick zur Verfügung steht [Hervorhebungen von mir, PM]:

> *Oskar, du hast all den stillen und in Wunschobjekte verliebten winterlichen Spaziergängern nicht nur die kleinen und mittelgroßen* Wünsche erfüllt, *du hast den Leuten vor den Schaufensterscheiben auch geholfen,* sich selbst zu erkennen. *Manch solid elegante Dame, manch braver Onkel, manch ältliches, im Religiösen frischbleibendes Fräulein hätte niemals in sich die Diebesnatur erkannt, wenn nicht* deine Stimme *zum Diebstahl* verführt *hätte, obendrein Bürger* gewandelt *hätte, die zuvor in jedem kleinen und ungeschickten Langfinger einen verdammenswerten und gefährlichen Halunken sahen.*
>
> *Nachdem ich ihm Abend für Abend aufgelauert und er mir* dreimal *den Diebstahl* verweigert *hatte, ehe er zugriff und zum nie von der Polizei entdeckten Dieb wurde, soll Dr. Erwin Scholtis, Staatsanwalt und am Oberlandesgericht gefürchteter* Ankläger, *ein milder, nachsichtiger und im Urteil beinahe* menschlicher *Jurist geworden sein, weil er mir, dem kleinen* Halbgott *der Diebe,* opferte *und einen Rasierpinsel, echt Dachshaar, raubte. (140f)*

Später wird Oskar wegen seines Glasschneide-Talents von einer kriminellen Jugendbande zum Chef erwählt, ist aber gegen Gewalt und befiehlt, Waffen und Benzin im Garten zu vergraben (416). Er betätigt sich wie immer grandios, erklärt aber, dass die Gruppe nur Parteiorgane geschädigt habe; eine einzelne Rachehandlung der Burschen gegen einen Lehrer habe er nur »widerstrebend« unterstützt.

> *Man sprach damals viel von Wunderwaffen und vom Endsieg. Wir, die Stäuber, sprachen weder vom einen, noch vom anderen, hatten aber die Wunderwaffe. [Oskars Stimme.]*

> *Oskar [...] zersang, [...] fernwirkender als je zuvor, ohne die Wohnung der Mutter Truczinski zu verlassen, zu später Stunde vom Schlafzimmerfenster aus die Parterrefenster mehrerer Parteidienststellen, das Hoffenster einer Druckerei, in der Lebensmittelkarten gedruckt wurden, und einmal, auf Wunsch und widerstrebend, die Küchenfenster zur Privatwohnung eines Studienrates, an dem die Burschen sich rächen wollten. (416f)*

Einige Rezensenten des Jahres 1959 haben beeindruckt Oskars Amoral[43] und Tabu-Freiheit[44] zur Kenntnis genommen. Ich hoffe gezeigt zu haben, dass im Gegenteil höchst umsichtig moralisiert wurde. Als Krimineller will Oskar nicht gelten. Er schädigt zwar ein bisschen die Gesellschaft, aber diese von ihm geschädigte Gesellschaft war, als er davon erzählt, längst als verbrecherisch entlarvt und blamiert. Er stand also auch als Bürgerschreck auf der richtigen Seite.

Vatermord

Zweimal richtet Oskar wirklich Schaden an. Beide Male kommt jemand zu Tode, und nicht zufällig handelt es sich dabei um Oskars Väter, den rechtlichen, Alfred Matzerath, und den leiblichen, Jan Bronski. Den leiblichen, Jan, lockt Oskar in die polnische Post, wo Jans Arbeitskollege Kobyella Oskars Trommel reparieren soll. Die polnische Post aber wird kurz darauf von den Deutschen angegriffen und in einem blutigen

Gefecht erobert; die polnischen Verteidiger werden getötet oder gefangen genommen. Oskar bleibt ungeschoren, weil er sich rechtzeitig »seiner alles entschuldigenden [!] Dreijährigkeit« besinnt (269). Jan wird verhaftet und hingerichtet.

Alfred Matzerath stirbt einige Jahre später buchstäblich an seinem verschluckten Parteiabzeichen; auch hieran ist Oskar beteiligt. Diese Szene spielt bei Kriegsende in einem Keller, in den die Hausgemeinschaft vor den Russen geflüchtet ist, und sei hier zitiert.

> *Fast zaghaft wie ein Kind, das nicht weiß, ob es weiterhin an den Weihnachtsmann glauben soll, stand Matzerath mitten im Keller, zog an seinen Hosenträgern, äußerte erstmals Zweifel am Endsieg und nahm sich auf Anraten der Witwe Greff das Parteiabzeichen vom Rockaufschlag, wußte aber nicht, wohin damit;* (438)

Er wirft es auf den Betonboden, wo Oskar es an sich bringt. Dann sticht die offene Nadel Oskar allerdings in den Handteller, und obwohl er weiß, dass das Parteiabzeichen seinen Träger »gefährdet« (»mit Russen soll man keine Scherze treiben«, 438), will er »Matzerath seinen Bonbon gerade hinten, am Rock, wieder ankleben« (439). In diesem Augenblick stürmen Russen in den Keller »und machten über Maschinenpistolen Augen«.(439)

> *Daß die Erwachsenen die Hände hochhoben, fand ich normal. Das kannte man aus den Wochenschauen; auch war es nach der Verteidigung der Polnischen Post ähnlich ergebungsvoll zugegangen.* (439)

Oskar beobachtet inzwischen fasziniert auf dem Kellerboden Ameisen,

> *[die sich] durch den Auftritt der russischen Armee nicht beeinflussen ließen. Die hatten nur Kartoffeln und Zu-*

cker im Sinn, während jene mit den Maschinenpistolen
vorerst andere Eroberungen anstrebten. (439)

»Andere Eroberungen« bedeutet: Sie fangen an, die Witwe
Greff zu vergewaltigen.

Mich und meine Trommel nahm jemand vom Beton weg
auf den Arm und hinderte mich somit, weiterhin und ver-
gleichsweise die Ameisen zu beobachten und an ihrem
Fleiß das Zeitgeschehen zu messen. Mein Blech hing mir
vor dem Bauch, und der stämmige, großporige Kerl wir-
belte mit dicken Fingern, für einen Erwachsenen nicht
einmal ungeschickt, einige Takte, zu denen man hätte
tanzen können. Oskar hätte sich gerne revanchiert, hätte
gerne einige Kunststückchen aufs Blech gelegt, konnte
aber nicht, weil ihn noch immer das Matzerathsche Par-
teiabzeichen in die linke Handfläche stach.

Fast wurde es friedlich und familiär in unserem Keller.
Die Greffsche lag immer stiller werdend unter drei Ker-
len abwechselnd, und als einer von denen genug hatte,
wurde Oskar von meinem recht begabten Trommler an
einen schwitzenden, in den Augen leicht geschlitzten, neh-
men wir an, Kalmücken abgegeben. Während er mich
links schon hielt, knöpfte er sich rechts die Hose zu und
nahm keinen Anstoß daran, daß sein Vorgänger, mein
Trommler, das Gegenteil tat. Dem Matzerath jedoch bot
sich kaum Abwechslung. Immer noch stand er vor dem
Regal mit den Weißblechdosen voller Leipziger Allerlei,
hielt die Hände hoch, zeigte alle Handlinien; doch nie-
mand wollte ihm aus der Hand lesen. Hingegen erwies
sich die Auffassungsgabe der Frauen als erstaunlich:
Maria lernte die ersten Worte Russisch, zitterte nicht mehr
mit den Knien, lachte sogar und hätte auf ihrer Mund-
harmonika spielen können, wäre die Maultrommel greif-
bar gewesen.

Oskar jedoch, der sich nicht so schnell umstellen konnte, verlegte sich, Ersatz für seine Ameisen suchend, auf das Beobachten mehrerer platter, graubräunlicher Tiere, die sich auf dem Kragenrand meines Kalmücken ergingen. Gerne hätte ich solch eine Laus gefangen und untersucht [...]. Weil ich aber mit einer einzigen Hand den Läusen schlecht beikommen konnte, trachtete ich, das Parteiabzeichen loszuwerden. Und um meine Handlungsweise zu erklären, sagt Oskar: Da der Kalmücke schon mehrere Orden an der Brust hatte, hielt ich jenen mich stechenden und am Läusefangen hindernden Bonbon dem seitwärts von mir stehenden Matzerath mit immer noch geschlossener Hand hin.

Man kann jetzt sagen, das hätte ich nicht tun sollen. Man kann aber auch sagen: Matzerath hätte nicht zuzugreifen brauchen. Er griff zu. Ich war den Bonbon los. Matzerath erschrak nach und nach, als er das Zeichen seiner Partei zwischen den Fingern spürte.

Er wollte es los werden und fand trotz seiner oft erprobten Phantasie als Koch und Dekorateur des Kolonialwarenladenschaufensters kein anderes Versteck als seine Mundhöhle.

Wie wichtig solch eine kurze Handbewegung sein kann! Von der Hand in den Mund, das reichte aus, die beiden Iwans, die links und rechts friedlich neben Maria gesessen hatten, zu erschrecken und von dem Luftschutzbett aufzujagen. Mit Maschinenpistolen standen sie vor Matzeraths Bauch, und jedermann konnte sehen, daß Matzerath versuchte, etwas zu verschlucken.

Hätte er doch zuvor wenigstens mit drei Fingern die Nadel des Parteiabzeichens geschlossen. Nun würgte er an dem sperrigen Bonbon, lief rot an, bekam dicke Augen, hustete, weinte, lachte und konnte bei all den gleichzeitigen Gemütsbewegungen die Hände nicht mehr oben behalten. Das jedoch duldeten die Iwans nicht. Sie schrien und wollten wieder seine Handteller sehen. Aber Matze-

rath hatte sich vollkommen auf seine Atmungsorgane ein-
gestellt. Selbst husten konnte er nicht mehr richtig, geriet
aber ins Tanzen und Armeschleudern, fegte einige Weiß-
blechdosen voller Leipziger Allerlei vom Regal und be-
wirkte, daß mein Kalmücke, der bisher ruhig und
leichtgeschlitzt zugesehen hatte, mich behutsam absetzte,
hinter sich langte, etwas in die Waagerechte brachte und
aus der Hüfte heraus schoß, ein ganzes Magazin leer
schoß, schoß, bevor Matzerath ersticken konnte.

Was man nicht alles tut, wenn das Schicksal seinen Auf-
tritt hat! Während mein mutmaßlicher Vater die Partei
verschluckte und starb, zerdrückte ich, ohne es zu mer-
ken oder zu wollen, zwischen den Fingern eine Laus, die
ich dem Kalmücken kurz zuvor abgefangen hatte. (441f)

Man beachte die exquisite Mischung aus falscher Unschuld,
Sadismus, Hohn, moralischer Koketterie und Verharmlosung,
mit der Grass symbolisch dem Nazireich den Garaus macht.

Falsche Unschuld: Oskar schildert die Ereignisse aus der
Perspektive eines Kindes, das den Ernst der Lage nicht erkennt
und, über die Erscheinungen der Welt staunend, lieber eine
Ameisenstraße beobachtet als die hereinbrechende Soldateska;
zu Matzeraths Tod kommt es nur, weil Oskar an seiner Beobachtung gehindert wird. Falsch ist die Unschuld, weil der
Autor genau weiß, welche Schrecken er *nicht* beim Namen
nennt: es handelt sich auch hier um einen ironischen Effekt.
Der barocke Autor Grimmelshausen hat ihn bereits in Vollen-
dung eingesetzt, und an ihn scheint Grass hier anzuknüpfen. In
Grimmelshausens Roman *Simplicissimus* (1668) schildert der
kleine Simplicius die Plünderung seines armseligen Dorfes im
Dreißigjährigen Krieg so: »Andere schlugen Ofen und Fenster
ein, gleichsam als hätten sie ewigen Sommer zu verkündigen
[…]«[45] Im scheinbaren Missverstehen als herrliches Versprechen wirkt die Zerstörung doppelt sinnlos und brutal. Grass
hat in der entsprechenden Szene nicht die Gutgläubigkeit, son-

dern die Egozentrik des Kindes als Effekt genutzt. Er behandelt die Erwachsenen wie gewohnt verächtlich: vom verblendeten Matzerath über die auch öffentlich umgehend paarungsbereite Witwe Greff bis zu dem Russen, der »für einen Erwachsenen nicht einmal ungeschickt« einige Takte auf der Blechtrommel wirbelt.

Hohn: Der Erzähler zwingt den Geschehnissen komische Effekte ab, indem er den Alfred Matzerath noch dümmer erscheinen lässt, als der ohnehin ist. Matzerath findet »für den Bonbon […] trotz seiner oft erprobten Phantasie als Koch und Dekorateur […] kein anderes Versteck als seine Mundhöhle.« »Hätte er doch zuvor wenigstens mit drei Fingern die Nadel des Parteiabzeichens geschlossen.« »Wie wichtig solch eine kurze Handbewegung sein kann!«

Sadismus: die genießerisch mitleidlose Schilderung von Demütigung, Schmerz und Todeskampf. »Selbst husten konnte er nicht mehr richtig, geriet aber ins Tanzen und Armeschleudern«; »Aber Matzerath hatte sich vollkommen auf seine Atmungsorgane eingestellt« usw.

Moralische Koketterie: »Weil ich aber mit einer einzigen Hand den Läusen schlecht *beikommen* konnte, trachtete ich, das Parteiabzeichen loszuwerden. Und *um meine Handlungsweise zu erklären*, sagt Oskar […]«. »*Man* kann jetzt sagen, das *hätte ich nicht tun* sollen. Man kann aber auch sagen: Matzerath *hätte nicht zuzugreifen* brauchen.« »Was man nicht alles tut, wenn das Schicksal seinen Auftritt hat!« [Hervorhebungen von mir, PM] Moralisch heißt: Oskar sind die Begriffe und Erwartungsweisen geläufig, er diskutiert sie sogar. Koketterie: Er tut es ironisch.

Verharmlosung: Oskars bisherige Welt wird als nicht verteidigenswert dargestellt. Nicht der geringste Konflikt, etwa aus familiärer Loyalität, taucht auf; zu Schaden kommt nur der Parteigenosse Matzerath, beschlafen wird nur die geschlechtslustige Witwe Greff. Kein Soldat kommt z.B. auf die Idee, Oskars appetitliche junge Stiefmutter Maria zu vergewaltigen; statt dessen stehen alle bei der ältlichen Witwe Greff an.

Charakteristisch für die ganze Szene sind häufige Perspektiv-wechsel. Vordergründig wird aus der Warte des Kindes erzählt, aber Oskar ist zu dem Zeitpunkt ein junger Erwachsener, siebzehn oder achtzehn Jahre alt. Unversehens schwankt die Erzählung zwischen drei Tonfällen hin und her, von Kindereinfalt (»kannte man aus den Wochenschauen«) zu jugendlich-philosophischem Hochmut (»die Ameisen zu beobachten und an ihrem Fleiß das Zeitgeschehen zu messen«) bis zu epischem Überblick (»Zaghaft wie ein Kind, das nicht weiß, ob es weiterhin an den Weihnachtsmann glauben soll, stand Matzerath mitten im Keller, äußerte erstmals Zweifel am Endsieg«). Auch Oskars Benennungskraft wechselt abrupt, sogar innerhalb eines Satzes, wenn etwa ein Russe »etwas in die Waagerechte [!] brachte« und sogleich »aus der Hüfte heraus [...] ein ganzes Magazin leer schoß«. Noch auffälliger wechseln die Vokabeln für das Parteiabzeichen zwischen kindlichem (»Bonbon«)[46], jugendlichem (»Parteiabzeichen«, »Orden«) und gestelzt epischem Jargon (»das Zeichen seiner Partei«). Sie wechseln sogar von Satz zu Satz: »Ich war den Bonbon los. Matzerath erschrak nach und nach, als er das Zeichen seiner Partei zwischen den Fingern spürte.« Die Kombination aus Kindlichkeit und Herablassung im Erzählton ist ja für das ganze Buch charakteristisch. Auf diesem Höhepunkt aber überstürzen sich die Perspektiven, als greife der Autor unbedenklich jeweils zu der, die den Vater am härtesten trifft und den Sohn am saubersten aus dem Schlamassel löst.

Die Symbolik ist unübersehbar: Alfred Matzerath »verschluckt die Partei«, die für Größenwahn und Verbrechen stand, und verendet qualvoll, stellvertretend für die schuldig gewordene Vätergeneration. Nebenbei befreit sein Tod den Sohn von der Notwendigkeit, mit einem Schuldigen – und der Schuld – weiter zusammenzuleben. Der Sohn sieht zu und zerdrückt dabei, »ohne es zu merken oder zu wollen, zwischen den Fingern eine Laus«.

Auch Oskars »Mitleidslosigkeit« wurde von den Rezensenten 1959 intensiv diskutiert, teilweise mit Respekt[47], als ermögliche erst diese Kälte die »größte Genauigkeit« des Erzählens.[48] Ich meine, dass hier weder kalt noch genau erzählt wurde, sondern lustvoll subjektiv im Sinne des Helden, der hier am Sadismus der Eroberer partizipiert und gleichzeitig seine Harmlosigkeit in die Waagschale wirft.

Moralische Ohnmacht

Wie passt diese demonstrative Inhumanität zu Oskars skrupulöser Moralität der vorigen beiden Szenen?

Tatsächlich ist der Widerspruch geringer, als es zunächst scheint. Der Erzähler hat verschiedene Antriebe: Er möchte gern moralisch *und* grandios sein, er schätzt aber auch die Macht und genießt es, Menschen zu manipulieren. So etwas ist nicht selten; wahrscheinlich hat jeder von uns schon ungebilligte Motive in gebilligten Handlungen untergebracht. Oskar vereinigt in den ersten beiden Szenen seine Antriebe, indem er Glas zersingend Macht ausübt, um auf erniedrigende Weise moralisch zu wirken. In der Kellerszene, die ihm keine Machtausübung gestattet, zieht er sich dagegen auf Kleinkindaktionen zurück, um mit grandiosem Überblick voyeuristisch die Hinrichtung des moralisch disqualifizierten Alfred Matzerath zu begleiten. Letztlich stellt er sich auch hier auf die Seite der moralischen Sieger. Die Sehnsucht nach Moral ist bei ihm zwar der Sehnsucht nach Grandiosität untergeordnet. Das heißt aber nicht, dass es sie nicht gäbe.

Nun ist Oskar natürlich eine Phantasie. Ich denke, dass seine Motive (Grandiosität, Infantilität, Harmlosigkeit, Entwertungssucht, Manipulation, Sadismus, Moral) auch für seinen Erfinder wesentlich waren, nehme aber nicht an, dass dieser sich in Oskar erschöpfte. Warum?

Ihre Bedeutsamkeit für den Autor schließe ich aus der Exklusivität und Intensität, mit der sie Stoff und Handlung der *Blechtrommel* bestimmen.

Dass etwas Wichtiges fehlt, schließe ich daraus, dass auch in Stoff und Handlung eben Wichtiges fehlt. Bei einem so redseligen Buch fällt das auf.

Erstens wird nie gesagt, *warum* die Erwachsenen-Gesellschaft mit solcher Verachtung behandelt, *warum* ihre Schädigung mit solchem Triumph, Matzeraths Tod mit solchem Hohn beschrieben wird. Die Gegenstände (spießige Kleinbürger, dümmliche Uniformierte, ein einfältiger Kolonialwarenhändler) rechtfertigen solche Aggression nicht. Man darf also annehmen, dass die Aggression des Autors auf das Dahinterliegende zielt: das »Dritte Reich«, das ja konkret den Zeithintergrund abgibt.

Zweitens: Dieses »Dritte Reich«, das historisch vor allem durch Terror und Inhumanität aufgefallen ist, wird in der *Blechtrommel* nur in kleinen und lächerlichen Ausschnitten präsentiert, also verharmlost. Das, was seine *Macht* bedeutete: Effektivität, Verführung und Einschüchterung, kommt nicht vor. Wahrheit des Erzählens: Eine nachdrücklich einseitige Darstellung weist oft darauf hin, dass die andere Seite des Gegenstandes für den Erzähler unheimlich, angstbesetzt ist.

Drittens: Nicht nur das Angstbesetzte, sogar die Angst selbst fehlt. Überhaupt ist für einen großen epischen Entwurf das menschliche Gefühlsspektrum der *Blechtrommel* außerordentlich schmal. Dass Liebe, Neugier und Staunen fehlen, ließe sich aus der Psyche Oskars erklären. Zwei elementare Gefühle aber, ohne die kein Mensch existiert, fehlen ebenfalls: Angst und Scham. Man könnte zwar argumentieren, dass der grandiose Oskar von ihnen befreit ist. Aber Angst und Scham sind überall beteiligt, wo Schadenfreude, Hohn und Erniedrigung phantasiert werden. Wäre Oskar von jenen befreit, müsste er auch von diesen befreit sein.

Aus der Summe dieser Merkmale schloss ich, dass der *Blechtrommel*-Autor selber in seiner Jugend keineswegs überlegen und distanziert gewesen war und dass sein hypertropher virtueller Gegenschlag eher eine hypertrophe Scham kompensierte.[49] Inzwischen ist in einer von Grass gebilligten Biographie diese Jugend plausibel beschrieben worden.[50]

Es zeichnet Grass aus, dass er sich nie als Widerstandskämpfer oder inneren Emigranten bezeichnet hat. Sein Biograph Jürgs schreibt: »Damals hat [Grass] nicht begriffen, was um ihn herum vorging, das Verbrechen, die Schande, da war er noch zu klein und große Zusammenhänge waren ihm fremd. Hingen Naziflaggen vor den Häusern, war das für die Kinder von Langfuhr eine farbenfrohe Abwechslung im Stadtbild. Marschierten zum Trommelwirbel und üblichem Tamtam die Uniformierten mit dem Hakenkreuz, rannten sie am Straßenrand mit und übten den festen Schritt und Tritt.«[51] Als einer seiner Lehrer plötzlich nicht mehr auftauchte, fragte auch Günter nicht nach. Später, beim Arbeitsdienst, verprügelte der Siebzehnjährige zusammen mit den Stubengefährten mehrmals einen jungen Zeugen Jehovas, der kein Gewehr anfassen wollte. »Das ist mir lange nachgegangen, eigentlich bis heute«, erzählte Grass seinem Biographen. »Dieser unartikulierte Widerstand. Einer, der sich nicht ausdrücken konnte, aber keinem Druck beugte.«[52]

Bei seinem kurzen Fronteinsatz im April 1945 hatte der Soldat immer noch keinen Zweifel an der Berechtigung des Krieges. »Grass war […] verblendet und dumpf verankert in seiner Vorstellung, denn er war aufgewachsen unter Hitlers Bild mit Schießübungen im Wald, morgendlichen Appellen bei wehenden Hakenkreuzfahnen, vaterländischen Gesängen an nächtlichen Feuern.«[53] Auch nach Kriegsende, als Gefangener der Amerikaner in einem Lager in Bad Aibling, hielt er, immer laut Jürgs, Berichte über die Verbrechen der Vätergeneration zunächst für Propaganda der Sieger. »So schütz[t]en sie sich gegen den Anblick der Fotos von Leichenhaufen und Verbrennungsöfen aus Bergen-Belsen, die den Kriegsgefangenen als Beweis für die Verbrechen der Nazis vor Augen gehalten [wurden].«[54]

Grass selbst bekannte gegenüber Jürgs:

Geglaubt habe ich erst, was sie uns erzählten, und das ist das Absurde, als ich die Radioübertragung von den Nürnberger Prozessen hörte und mein ehemaliger Reichsjugendführer Baldur von Schirach die Verbrechen zugab, um seine Schuld zu gestehen und um die Hitlerjugend, also uns, vor dem Vorwurf zu schützen, eine verbrecherische Organisation gewesen zu sein. Da war noch dieser Rest des Autoritätsglaubens übriggeblieben, denn wenn es die eigenen Leute sagen, dann muß was dran sein.[55]

Er nahm sich die Lektion zu Herzen. 1996 sagte der inzwischen neunundsechzigjährige Autor bei der Verleihung des Sonning-Preises in Kopenhagen:

Wer in den zwanziger Jahren... geboren wurde, wer, wie ich, das Kriegsende nur zufällig überlebt hat, wem die Mitschuld – bei aller Jugend – an dem übergroßen Verbrechen nicht auszureden ist, wer aus deutscher Erfahrung weiß, daß keine noch so unterhaltsame Gegenwart die Vergangenheit wegschwätzen kann, dem ist der Erzählfaden vorgesponnen, der ist nicht frei in der Wahl seines Stoffes, dem sehen beim Schreiben zu viele Tote zu.[56]

Dem sehen beim Schreiben freilich nicht nur viele Tote zu, sondern auch die eigene Verführbarkeit und Verblendung. Beides kann so schwer wiegen, dass sich sogar eine symbolische Mitschuldübernahme für Morde, die man nicht begangen hat, leichter trägt.

Das zentrale Thema - Verführung

In der *Blechtrommel* dominiert die phantastische Ich-Manifestation des Erzählers. Sie ist sowohl der Zeit-Deutung als auch der Moral übergeordnet. Diesem kompensatorischen Charakter der Erfindung lag, das ist meine These, eine hypertrophe Scham zugrunde: hypertroph, weil es wirkt, als habe der Autor (der Künstler im Augenblick des Phantasierens) sich nicht etwa nur dafür geschämt, dass er sich von einem verbrecherischen Regime hatte verführen und betrügen lassen, sondern dafür, dass er überhaupt verführbar gewesen war. Er hätte also gewissermaßen nicht ertragen, dass er wie alle anderen Menschen täuschbar war; als wäre die Prägbarkeit insbesondere der Jugend nicht Voraussetzung jeder Zivilisation und ihr Missbrauch nicht die eigentliche Wurzel der verhandelten Tragik.

Der normal Beschämte hätte vielleicht seine moralische Schädigung und die Umstände, die zu ihr führten – eben die Verführung des Halbwüchsigen und seine Verführbarkeit –, zu erkennen und zu deuten versucht. Der gemäß seinem Ich-Anspruch hypertroph Beschämte aber phantasierte einen rabiaten Gegenentwurf, in dem er grundsätzlich und von Geburt an untäuschbar war.

Dieser Entwurf erforderte eine starke Korrektur der Realität. Der Autor der *Blechtrommel* sprach den Verhältnissen jede Verführungskraft ab, als gelte es, noch die geringste Möglichkeit einer Verführung des Helden auszuschließen: Die Erwachsenen haben auf Oskar keine Anziehungskraft, sie sind *nicht im geringsten* liebenswert, noch achtenswert, noch auch nur interessant. Von einer solchen Welt geht keine Gefahr aus; auch wo sie sich gewalttätig aufführt, wirkt sie lächerlich. Der erfundene Held hingegen ist, im Gegensatz zu allen anderen Menschen, die er deshalb verachtet, keiner Sozialisation bedürftig (»unbeeinflussbar«, »kritisch«) und »achtet« sich bereits »im Fruchtwasser« genau dafür (45). Er ist nicht nur unverführbar, sondern besitzt selbst eine magische Verführungskraft und manipuliert andere im wahrsten Sinne des Wortes spielend. Insbesondere verführt er gern Menschen*massen*, ganz gleich, ob es sich dabei um Militärkapellen, Danziger Volk oder Wirtschaftswunderbürger handelt: Ihnen gilt seine besondere Verachtung.

Nun muss noch die Frage der Verantwortung gelöst werden. Um ihr zu entgehen, macht sich Oskar klein, und zwar nicht nur jugendlich klein, halbwüchsig etwa, sondern kleinkindhaft klein. Auf diese Weise kann er sich an der Erwachsenenwelt schadlos halten und gleichzeitig komplette Unschuld beanspruchen. Er kann in seiner Darstellung je nach Bedarf zwischen Grandiosität und Unschuld wechseln, wobei jeweils der erreichbare moralische Gewinn die Wahl der Perspektive bestimmt. Eine solche Phantasie bewährt sich freilich nur an einem entsprechend harmlosen Modell der Realität.

Die hypertrophe literarische Größenphantasie ist ein Befreiungsschlag, mit dem der Autor sein Ego phantasierend von den Zumutungen und Niederlagen der Realität trennt. Sie ist insofern eine Kapitulation vor der Realität: Die Niederlagen werden verdrängt und weder in Bedeutung noch Motiven überwunden. Grass beantwortet Verführung mit Verführung, Erniedrigung mit Erniedrigung, Inhumanität mit Inhumanität.

Wirkungen

Der von einer günstigeren Realität geschonte Nachgeborene darf die Überwindung eines Traumas nicht einklagen. Richtige Deutungen sind überhaupt nicht einklagbar, und wenn eine Deutung dem Deuter hilft, sich zu stabilisieren, hat sie ihren ersten Zweck erfüllt. Manche künstlerische Deutung eines quälenden historischen Ereignisses kann eine ganze Generation erlösen, und vielleicht hat Grass' Befreiungsschlag genau das getan. Ich versuche zu rekonstruieren, wodurch.

Grass als eine Art Hyper-Oskar lachte das »Dritte Reich« einfach weg. Er knirschte nicht beschämt, sondern drehte den Spieß um, nahm Angst und Schrecken nicht zur Kenntnis, verwandelte wütende Abwehr in einen drastischen Rache-Comic, spielte scheinbar provozierend mit Hässlichkeit und Ekel, ohne das wirkliche Grauen der Epoche aufkommen zu lassen, und demonstrierte eine vitale narzisstische Selbstzufriedenheit, die ansteckend gewirkt haben mag. Die enthusiastischsten Rezensenten von 1959 waren junge Männer im Alter von Grass mit einem ähnlichen Talent und Behauptungswillen. Aber auch alle anderen Leser kannten den Kontext, ob sie das Buch mochten oder nicht. Der Bedarf nach einer befreienden literarischen Deutung war enorm, und Grass' Angebot bestach durch Kraft, Originalität und Virtuosität. Es setzte sich durch. Auch im Ausland funktionierte es – vielleicht, weil es ohne deutsches Selbstmitleid daherkam. Oben habe ich von einer *magischen Deutung* gesprochen. Ich denke, die Verharmlosung des »Dritten Reiches« wirkte überall beruhigend, auch wenn – oder weil – sie nicht als solche wahrgenommen wurde. Ich habe keinen Hinweis darauf, dass Grass selbst seine Darstellung verharmlosend fand. Aber: Die Metapher seines Siegeszugs war eine Blechtrommel, ein Spielzeug für Kinder im Vorschulalter. Es wirkt, als habe der Zwerg Oskar mit seinem magischen Kindergetrommel nicht nur Danziger Volk und Düsseldorfer Variétébesucher, sondern die halbe Welt hypnotisiert.

Warum hat mich Nachgeborene diese Deutung weniger befriedigt? Ich denke, weil sie das, worauf sie reagiert, nicht *erfasst*. Vor vierzig Jahren wusste jeder, was gemeint war, und die Antwort gefiel, weil die Frage nicht gestellt werden musste. Spätere Generationen verstehen eine literarische Antwort nur, wenn sie auch die Frage verstehen (oder wenn die neue Zeit ähnliche Fragen stellt).

Möchte ich also beim Langzeitwert eines Buches trotz allem die triftige Deutung als Kriterium behaupten? Ja. Die triftige Deutung besteht in der lebendigen Darstellung des Gegenstandes, der immer für die »Welt« steht. Bevor der Gegenstand treffend dargestellt werden kann, muss er erfasst werden. Da Wahrnehmung individuell und flüchtig ist, kann die »Welt« nur im konkreten Augenblick erfasst werden. Das scheint wenig zu sein, aber wer den Augenblick nicht erfasst, erfasst auch die »Welt« nicht. Als Kriterium für Erfassen ist allein die tiefste, unabhängigste Wahrnehmung des jeweiligen Deuters anzunehmen. Diese tiefste Wahrnehmung ist oft nicht die, die er selbst dafür hält. Falls es eine Differenz gibt, zeigen seine unwillkürlichen Äußerungen, darunter seine Erzählungen, worin sie besteht. Ich habe gezeigt, wie in der *Blechtrommel* mit ungeheurem Aufwand eine verzerrte virtuelle Welt entworfen wurde, um ein zentrales menschliches Thema, die Verführbarkeit des Ich, auszuschließen. Dadurch eliminierte der Deuter aus dem Bild genau das, was ihn am meisten betraf. Das Bild verlor sein emotionales Zentrum und geriet flach; das »Dritte Reich« ist in dieser Darstellung nicht erlebbar, sondern nur als Chiffre vorhanden. Wer erfahren möchte, wie Faschismus funktionierte, lernt hier nichts. Die *Blechtrommel* ist kein Erkenntnistext, sondern ein Haltungstext: Sie demonstriert mit phantastischer Energie nur, dass Grass, als er sie schrieb, gegen den Faschismus war.

Nachwort

Das genaue Lesen habe nicht ich erfunden, und Textinterpretation gibt es, seit es Texte gibt. Was fügt also meine These der üblichen genauen Lektüre hinzu? Lässt sich mein Ansatz methodisch beschreiben?

Der Unterschied besteht darin, dass dieser Ansatz in die Analyse bewusst auch die in den Texten offenbar werdenden Erkenntnis*störungen* einbezieht, aber nicht um sie zu kritisieren, sondern als Chance, zu den Wurzeln dieser Störungen vorzudringen.

Ich rekapituliere kurz: Wir Menschen, also auch Autoren, neigen dazu, Schwächen zu unterdrücken, denn sie ängstigen, beunruhigen und beschämen uns. Die unterdrückten Themen aber streben ins Bewusstsein, verbinden sich mit gebilligten Themen und finden einen Ausdruck in sprachlichen Kompromissen. In der freien Wiedergabe von Erlebtem, also beim Erzählen, wird das besonders deutlich deswegen, weil die Bedeutung von Erlebtem nicht zu erkennen ist und der Erzähler immer auch instinktiv strukturieren muss. Unsere Erzählung – ob als gesprochener oder geschriebener Text – hat also eine höhere Integrität als unser Bewusstsein. Die Integrität des Textes kann ein Schlüssel zur Integrität des Erzählers sein. Und sie kann dem Leser helfen, reagierend eigene Deutungsstörungen und -defizite aufzuklären.

Nach meinem Ansatz ist Lektüre eine Art persönliches Gespräch, bei dem der Leser seinen Gesprächspartner möglichst genau kennenlernen möchte. Der literarische Kontext (Tradition, Mode, Effekt) ist zweitrangig. Es gibt keine auratische

Eigengesetzlichkeit des Kunstwerks. Eine Erzählung mag eine bewusste Willensäußerung sein, vor allem aber ist sie ein – auch unbewusster – Erkenntnisvorgang; der Autor ist kein Verkünder von Wahrheiten, sondern ein Wahrnehmender.

Diese Lesart ist dem instinktiven, persönlichen Lesen näher als dem professionellen – des Kritikers etwa, der eine rasche ästhetische Bewertung liefern soll, und des Literaturwissenschaftlers, der sich um Bestandsaufnahme und historische Einordnung kümmert. Allerdings verlangt sie vom Leser, dass er sich seine Eindrücke und Beobachtungen bewusst macht, und, in der Konsequenz, dass er bereit ist, Fragen an sich selbst zu stellen. Sie eignet sich nicht für Leute, die lesen, um von sich fortzukommen.

Die Grundeinstellung wäre: individuelles bewusstes Wahrnehmen mit individueller Verantwortung; Bereitschaft, sich selbst zu prüfen; gegebenenfalls die Kraft, eine abweichende Meinung zumindest innerlich gegen den Druck von Mode und Konsens zu verteidigen.

Der mögliche Gewinn: verbesserte Erkenntnis durch umfassendere Wahrnehmung, Bereicherung oder Entlastung durch einen interessanten Subtext, bei gelungenen Werken gesteigertes Empfinden durch höhere Bewusstheit.

Zum interessanten Subtext gehört wesentlich die *Genese* der jeweiligen Deutung. Ich habe anhand dreier Beispiele gezeigt, wie man sich ihr annähern kann. Dabei war von Charakter und Schicksal der Deuter die Rede, von Deutungsstrategien, von allgemeinen Problemen und Themen des Erzählens sowie von einer konkreten historischen Katastrophe, die uns noch immer betrifft und deshalb ein gut Teil der Relevanz dieser Beispiele ausmacht. Hier kommt noch ein Aspekt ins Spiel, den ich zum Schluss zumindest ansprechen will: das Schicksal von Deutungen und seine Rückwirkung auf die Deuter.

Jede Erzählung deutet Vergangenes, aber nicht nur für die Gegenwart, sondern auch für die Zukunft des Erzählers. Jede Deutung verbindet sich mit der Wirklichkeit und bringt zusammen mit ihr neue Geschichten hervor, die neue Deutung erfordern. Biographie ist weniger eine Folge von Ereignissen als eine Folge von Deutungen.

Jede Deutung hat also einen praktischen Aspekt. Sie kann das Leben des Deuters im Sinne seiner Kriterien positiv oder negativ beeinflussen, d.h. jeweils erfolgreich sein oder nicht. Da der Mensch sich ändert, ändern sich auch seine Kriterien und Deutungen.

In der Literaturwelt ist es nicht anders, wobei hier ein Erfolgskriterium ins Spiel kommt, das die künstlerischen Aspekte zumindest zeitweise überlagert: das kommerzielle. Eine literarische Deutung, die auf große Resonanz beim Publikum trifft, gilt als erfolgreich: Der Autor verdient Geld, Respekt, vielleicht Ruhm. Das Buch wird zum Markenartikel, sein Wert per Auflagenhöhe bestätigt. Eine erfolgreich durchgesetzte Deutung kann über Jahrzehnte – solang der Verkauf läuft – gültig scheinen, auch wenn Autor und Verhältnisse sich geändert haben. Auch hier bedingen Deutungen einander, und auch hier gibt es erstaunliche Varianten: Mancher Autor schießt sich eine Kugel in den Kopf, weil er seinem öffentlichen Bild nicht mehr entsprechen zu können glaubt; ein anderer, weil nie ein öffentliches Bild von ihm entstand. Autoren werden von ihrem Erfolg beeinflusst, ganz gleich ob sie sich damit identifizieren oder nicht. Sie, die Urheber von Geschichten, werden Teil von Geschichten, an denen das Publikum mitschreibt. Auch hier geht es um Sehnsüchte, Strategien, Ängste, auch hier geht es um Wahrheit, und bei unseren drei Autoren ist es nicht anders. Alfred Andersch starb, bevor *Der Vater eines Mörders* erschien. Er konnte den Erfolg seiner Geschichte nicht mehr genießen, hat ihn aber wohl vorhergesehen: einem Freund gegenüber kündigte er das Buch als »politische Bombe«[57] an. Während ein Teil von ihm (die meiner These nach höchste Instanz, der Künstler) qualvoll sich an Versagen und Schuld aufrieb, spekulierte ein anderer Teil (der Literaturprofi) realitätssicher auf den Effekt einer These, die noch ein weiterer Teil von ihm (der Moralist) im *Nachwort für Leser* entschieden zurückwies.[58] Die Geschichte seines Buches hat weitere ironische Züge: Ausgerechnet mit dem *Vater eines Mörders* hat der ehrgeizige Autor, der sich nie genügend anerkannt fühlte, bei Feuilleton und Publikum seinen vielleicht größten Erfolg erzielt – ausgerechnet mit dieser mühsamen Erzählung, ausgerechnet postum.

Um so glücklicher beeinflusste *Die Blechtrommel* das Schicksal des Günter Grass. Sie machte den Zweiunddreißigjährigen mit einem Schlag berühmt, wurde weltweit eines der erfolgreichsten Bücher der letzten fünf Jahrzehnte, millionenfach verkauft, verfilmt und auch als Film preisgekrönt, der Autor erhielt mit dem Nobelpreis höchste literarische Weihen. Nun glaube ich folgende Beobachtung gemacht zu haben: Grass, der im Buch eine virtuelle Untäuschbarkeit inszeniert hatte, sah durch den Erfolg seine persönliche Untäuschbarkeit bestätigt. Vielleicht wurde er auch in diese Rolle gedrängt: Jedenfalls hat er seitdem gern seine Umwelt belehrt und nach Bedarf die Regierungen nicht nur Deutschlands (Ost und West) getadelt, sondern auch die Amerikas, Israels, Russlands – ohne sichtbaren Selbstzweifel, um es kritisch zu formulieren. Um es positiv zu formulieren: Er wurde ein ruheloser Moralist, warf seine Autorität in die Waagschale, wo immer er Missbrauch und Tyrannei witterte, und sah sich als Autor grundsätzlich staatsbürgerlich gefordert. Ein weiterer interessanter Effekt: Er, dessen Auftritt in der *Blechtrommel* noch von großspurigem Zynismus geprägt war, vertrat politisch ohne Zynismus die Seite von Humanität und Demokratie. War der Zynismus nur ein Werkzeug gewesen, der Epoche zu begegnen? Oder hat das Buch dem Autor geholfen, jene Seite in sich abzuarbeiten? Hat das am Ende der Erfolg vollbracht? Auch die mittelbaren Folgen gehören zu den Geheimnissen der erzählenden Deutung.

Marcel Reich-Ranicki hat seine Autobiographie zwar erst als alter Mann geschrieben, darin aber eine Deutung ausformuliert, die ihn seit Jahrzehnten bestimmte, so dass man auch diese Deutung schicksalhaft nennen kann. Sie geht von einer elementaren Opfererfahrung aus, und ihr Fundament ist ein Opferstatus, der die Illusion absoluter Unschuld und moralischer Überlegenheit ermöglicht. Auch das ist ein grandioses Konzept, von dem der Autor sich nie mehr trennte: Noch als mächtigster Mann des deutschen Literaturbetriebs hat er sich als Opfer gefühlt und geführt. Das wirkte sich doppelt aus: Es machte jeden Widersacher zum moralisch unterlegenen Aggressor, schürte auch dadurch Aggression und verstärkte noch die Opfer-Ideologie. So kam es, dass der im Tagesgeschäft längst unangreifbar gewordene Reich-Ranicki sich weiterhin missverstanden und bedroht fühlte. Die Autobiographie wurde zur ultimativen Deklaration dieses zweischneidigen Konzepts: Sie zeigt seinen Preis – Beobachtungs- und Beziehungsschwäche, Einsamkeit – wie seine suggestive Gewalt. Mit diesem bei Publikum wie Presse unangefochten erfolgreichen Buch erreichte der Kritiker den Höhepunkt seiner Karriere.

Der heutige Leser aller drei Bücher hat es mit Deutungen zu tun, deren Qualität durch ihren Erfolg beglaubigt scheint. Daran ist nichts Schlechtes, es gehört zum Übergaberitual zwischen den Generationen. Die jüngere Generation prüft das von der älteren empfohlene, um es zu übernehmen, zu bekämpfen oder zu verwerfen – meist wird sie es anders verstehen. Wenn sich im Fall unserer drei Bücher die Rezeption kaum geändert hat, zeugt das von einer partiellen Stagnation unseres Bewusstseins. Dass ausgerechnet bei diesem gravierenden Thema die frühesten, schlichtesten Notdeutungen ungeprüft übernommen werden, scheint mir ein Hinweis darauf, wie tief der Schock noch sitzt. Freilich: Spätere Zeugnisse aus erster Hand haben wir nicht, und jüngere Autoren, die diese Epoche nicht erlebt haben, werden uns kaum Triftiges darüber mitteilen können. Wir Leser können aber, wie ich gezeigt habe, bei genauem Hinsehen aus den Werken der Älteren vieles lernen, was bisher übersehen wurde, und dadurch vielleicht etwas weiter kommen. Radikale Erkenntnis der menschlichen Dinge ist uns wohl nicht gegeben, nicht nur, weil wir darüber verzweifeln müssten. Aber zwischen radikaler Erkenntnis und den Konzepten unserer Autoren gibt es großen Deutungsraum, den wir nutzen sollten. Unter anderem weist uns die Sprache der drei Bücher verblüffend klare Wege dorthin.

Ich habe, um meinen Ansatz zu erklären, ein paar dieser Wege analysierend beschritten. Sicherlich gibt es weitere, wobei die Grenzen der Erkenntnis nicht in der Sprache der Autoren liegen, sondern im Betrachter. Das gilt auch für mich. Ich bilde mir nicht ein, jeweils das letzte Wort zu sprechen. Das letzte Wort über diese Bücher wird gesprochen sein, wenn keiner mehr über sie spricht.

Anhang

Textnachweise

Alfred Andersch: Gesammelte Werke Bd. 5, *Der Vater eines Mörders*, © 2003 Diogenes Verlag AG Zürich
Günter Grass: *Die Blechtrommel* (Werkausgabe Bd. 3) © 1993 Steidl Verlag, Göttingen. Erstausgabe: September 1959
Marcel Reich-Ranicki: *Mein Leben* © 1999 Deutsche Verlagsanstalt, München in der Verlagsgruppe Random House

Detailliertes Inhaltsverzeichnis

Über das Buch

Warum ist Marcel Reich-Ranicki in seiner Autobiographie »Mein Leben« weniger aufrichtig, als er glaubt? Liefert uns Alfred Andersch so viele Details seiner Schulstunde in »Der Vater eines Mörders«, um uns in die Irre zu führen? Und welche Wahrheit tritt uns aus Günter Grass' längst kanonisierter »Blechtrommel« entgegen, die scheinbar mustergültig das »Dritte Reich« bewältigt hat?

Wie viele Autoren täuschen diese drei sich und ihre Leser. und wie alle täuschen sie nicht gut genug: Es gibt eine Wahrheit des Erzählens, die mehr zu wissen scheint als der Erzähler selbst. Dieser Wahrheit ist die Romanautorin Petra Morsbach auf der Spur.

In ihrem unbestechlichen und präzisen Essay gewinnt Petra Morsbach provokante Erkenntnisse über die uns scheinbar so wohlvertrauten Bücher, und manche einer wird sein festes Urteil revidieren müssen.

Das Buch ist ein Fest der Deutung. Morsbach bricht Tabus, aber mit einer an jeder Stelle von Klarheit und Redlichkeit durchzogenen Sprache und Gedankenführung – eine beglückende Erfahrung.
Dierk Wolters, FRANKFURTER NEUE PRESSE

Als ich Petra Morsbachs Essayband über Andersch, Reich-Ranicki und Grass las, fand ich ihre sechs literarischen Gebote im einführenden Essay faszinierend. […] Dieser Hexalog macht alle Hexenkessel der heutigen Literaturküche fad. Sie, Frau Morsbach, reden über die Sprache als Erkenntnisinstrument,

Sie verstehen das Erzählen als Gnoseologie und Individualität als kreative Kraft. Hier fühlte ich mich zu Hause. Die Sprache als ein Diarium sowohl für Leistungen wie auch für Fehlleistungen, die dem Wahrnehmer ermöglicht, sogar das Falsche nicht zu negieren, war für mich neu. Distanz und Dignitas des Schreibenden befeindeten sich hier nicht.

Jiři Gruša in seiner Laudatio zur Verleihung des Literaturpreises der Konrad Adenauer-Stiftung 2007 an Petra Morsbach

Über die Autorin

Petra Morsbach, geboren 1956 in Zürich, studierte in München und St. Petersburg (damals Leningrad /UdSSR) Philologie und Theaterregie. Nach zehn Jahren als Dramaturgin und Regisseurin lebt sie seit 1993 als freie Schriftstellerin in der Nähe von München. Als Romanautorin schrieb sie in sechs Romanen (zuletzt »Dichterliebe«, 2013) ein »Panorama der gegenwärtigen Welt, eine comédie humaine unserer Gesellschaft, in Segmenten versteht sich, in einzelnen Mikrokosmen«

(Hiltrud Häntzschel).

Sie hat vorzügliche Bücher geschrieben. Mit »Warum Fräulein Laura freundlich war« erweist sich Petra Morsbach jetzt auch als exzellente Textdeuterin. Sie liest hier drei literarische Texte behutsam, aber entschieden gegen den Strich. Wer eine Schmähschrift erwartet, liegt falsch: Petra Morsbach operiert mit großer Gewissenhaftigkeit, die ihrem Gegenstand jederzeit Respekt erweist.

Dierk Wolters, FRANKFURTER NEUE PRESSE

Morsbach könnte sich nicht so weit vor wagen, dürfte sie nicht ihrer Argumente und ihrer persönlichen Integrität sicher sein. Nie greift sie jemanden persönlich an: »Es ist für Nachgeborene unmöglich zu sagen, was einer hätte besser machen können... Ebensowenig können Nachgeborene sagen, wie einer seine Erfahrungen hätte deuten sollen. Wir können höchstens seine Deutung betrachten und uns aus größerer Distanz über seine Sprache den Erkenntnissen annähern, die er dämonisierend und bagatellisierend vermieden hat. Sie wahrzunehmen und

die richtigen Folgerungen zu ziehen, wäre die Aufgabe«. Ein
nobler Ansatz, der genau so weit ins Leben wie in die Kunst
führt.   Beate Kayser, TZ München

Für ihr Werk wurde Petra Morsbach u.a. mit dem Marieluise-
Fleißer-Preis, dem Johann-Friedrich-von Cotta-Literaturpreis
und dem Literaturpreis der Konrad Adenauer-Stiftung, dem
Jean Paul-Preis und dem Wilhelm Raabe-Preis ausgezeichnet.

Anmerkungen

1 Das genaue Zitat lautet: »Gegen den Positivismus, welcher bei den Phänomenen stehenbleibt, ›es gibt nur Tatsachen‹, würde ich sagen: nein, gerade Tatsachen gibt es nicht, nur Interpretationen. Wir können kein Faktum ›an sich‹ feststellen: vielleicht ist es Unsinn, so etwas zu wollen.« Friedrich Nietzsche, *Der Wille zur Macht. Versuch einer Umwertung aller Werte.* Alfred Kröner Verlag, Leipzig 1919, S. 158f, Nr. 276

2 Franz Grillparzer, Selbstbiographie. J.G. Hoof-Verlag, Warendorf o.J., S. 108. Alle folgenden Zitate, sofern nicht anders vermerkt, ebd. S. 108-110

3 Protokoll der Leichenkammer: »NB. hat sich erhängt.« zitiert nach Heinz Politzer: *Franz Grillparzer oder das abgründige Biedermeier*, Paul Zsolnay Verlag, Wien-Darmstadt 1990

4 zit. von Hanns Sachs in *Die Motivgestaltung bei Schnitzler*, *Imago* 2 /1913

5 Sigmund Freud, *Zur Psychopathologie des Alltagslebens*, Wien, Psychoanalytischer Verlag 1929, S.62, 65

6 vgl. SZ vom 24.9.2002

7 Uriella sagte das vor Gericht. Sie war der fahrlässigen Tötung angeklagt, nachdem zwei ihrer Anhänger, denen sie den Arztbesuch verboten hatte, an Bagatellinfektionen gestorben waren. Süddeutsche Zeitung vom 7.5.1996

8 Naturalismus, eine Ende des 19. Jahrhunderts entstandene Stilrichtung, versuchte die sinnliche, physische, auch die harte soziale Wirklichkeit genau abzubilden. Sein Protagonist Emile Zola (1840-1902) strebte eine quasi wissenschaftliche Darstellung des Lebens an, in die nicht nur Milieu und Psychologie, sondern auch Vererbung und Physiologie einbezogen waren. Zolas ungeschminkte Darstellung sozialen Elends mag damals den bürgerlichen Lesern vorgekommen sein wie die rohe Natur selbst. Dennoch war sie ebensowenig Natur wie jede andere künstlerische Deutung.

9 etwa *Harry Potter*, *Herr der Ringe*, um die prominentesten Beispiele zu nennen.

10 Diese Beobachtung habe ich erstmals bei George Orwell gelesen: »Die Atmosphäre einer Ideologie ist für die Prosa immer verderblich und für den Roman, die anarchistische literarische Form, geradezu der Ruin. Wie viele gut römische Katholiken haben gute Romane geschrieben? Selbst die Handvoll, die man nennen könnte, waren gewöhnlich schlechte Katholiken. Der Roman ist tatsächlich eine protestantische Kunstform. Er entsteht nur in geistiger Freiheit, als Schöpfung eines selbständigen Individuums.« In: George Orwell, *Im Inneren des Wals*. Diogenes Verlag, Zürich 1975, S.134. Ich halte den Roman für eine ebensowenig protestantische wie katholische Kunstform; dem anderen stimme ich dankbar zu. Ihre geistige Freiheit macht gute Romane ideologisch suspekt. Wohin Erkenntnis führt, ist nicht planbar. Deswegen zensieren alle totalitären und autoritären Systeme Literatur. Ich gebe zu, von der romantischen Implikation, dass gerade die unvoreingenommene individuelle und tiefe Deutung Tyrannei und Totalitarismus widerlege, beeindruckt zu sein.

11 »Jeder Versuch, die Grundlagen menschlicher Erkenntnis zu legen, unterliegt dem sogenannten *hermeneutischen Zirkel*: das, dessen Grundlagen man legen will, ist ‚immer schon« da und mischt sich in das Grund-Legen ein, z.B.

wir denken darüber nach, was ‚Leben« sei, und leben selber

wir denken über Materie nach und sind dabei selbst Materie, können ohne sie nicht denken

wer die gangtreueste aller Uhren bauen will, muss sich auf Erkenntnisse und Verfahren stützen, die mit weniger guten Uhren gewonnen wurden

wer die Grundlagen des Zählens legen will, hat immer schon gezählt

wer die Grundlagen des Denkens legen will, denkt bereits

wer das Abstrahieren per Äquivalenzklassenbildung definieren will, denkt bereits hochabstrakt.«

In: Konrad Jacobs, *Der Aufbau der Mathematik*. Vieweg-Verlag, Braunschweig/Wiesbaden 1990, S.174f)

Ich füge die Anmerkung hinzu, dass das Dilemma bereits in der Formulierung »Grundlagen legen« enthalten ist.

12 Der Begriff Ästhetik kommt vom griechischen *aisthesis*, sinnliche Wahrnehmung.

13 Friedrich Schillers Satz »Alle Vorstellungen also, wodurch wir Übereinstimmung und Zweckmäßigkeit erfahren, sind Quellen eines freien Vergnügens« in: *Über den Grund des Vergnügens an tragischen Gegenständen* scheint dem zu entsprechen. Allerdings meint Schiller die *moralische* Zweckmäßigkeit und Übereinstimmung mit dem Sittengesetz. Friedrich Schiller: Gesammelte Werke in fünf Bänden, herausgegeben von Jost Perfahl, Winkler Verlag, München 1968. Band V, S.133

14 Alfred Andersch, Der Vater eines Mörders. Zürich: Diogenes Verlag, 1982. S. 13

15 Heinrich Himmler (1900-1945) wurde 1929 Reichsführer SS, 1939 Reichskommissar für die Festigung des deutschen Volkstums und 1943 Reichsminister des Inneren; er vergiftete sich 1945. Berüchtigt wurde er für seine Posener Rede vor SS-Generälen im Oktober 1943: »Ich meine jetzt die Judenevakuierung, die Ausrottung des jüdischen Volkes… Von Euch werden die meisten wissen, was es heißt, wenn 100 Leichen beisammen liegen, wenn 500 daliegen oder wenn 1000 daliegen. Dies durchgehalten zu haben, und dabei – abgesehen von Ausnahmen menschlicher Schwächen – anständig geblieben zu sein, das hat uns hart gemacht.«

16 zitiert nach: *Der Vater eines Mörders. Texte und Interpretationen*, C.C. Buchners Verlag, Bamberg 1995, S.71

17 Alfred Andersch: *Die Kirschen der Freiheit*. Ein Bericht. Diogenes Verlag, Zürich 1971, S.46

18 Alfred Andersch: *Deutsche Literatur in der Entscheidung. Ein Beitrag zur Analyse der literarischen Situation*. Verlag Volk und Zeit, Karlsruhe 1948, S.24

19 Alfred Andersch: *Die bitteren Wasser von Lappland*, Hörspiel NDR, Sendedatum 05.11.1953. Zitiert nach: Stephan Reinhardt. *Alfred Andersch*. Diogenes Verlag, Zürich 1990, S.9

20 Auf S. 48 wird zum Beispiel die Erwartung eines Himmler-Wutausbruchs so beschrieben: »In dem sowieso aschfahlen Klassenzimmer hingen jetzt die bleichen Tücher von Reglosigkeit und Totenstille, sogar das Frühsommerlicht […] brach sich auf einmal an den Fensterscheiben, kam nicht mehr herein.« Ein Mensch kann die Naturgesetze nicht außer Kraft setzen. Wer ihm das zuschreibt, hebt ihn, ob im Guten oder im Bösen, aus dem Menschenmaß heraus.

21 Sigmund Freud, *Zur Psychopathologie des Alltagslebens*. Fischer Taschenbuch Verlag, Frankfurt 2002, S.338

22 Stephan Reinhardt, *Alfred Andersch*. Diogenes Verlag, Zürich 1990, S.60

23 *Die Kirschen der Freiheit*, S.90

24 Reinhardt, S.82. Angelika Andersch überlebte den Nationalsozialismus mit dem gemeinsamen Kind im Allgäu; ihre Mutter wurde nach Theresienstadt deportiert und kam dort um.

25 Reinhardt, S.84

26 Reinhardt, S.625

27 Im Original: "Prevented from free writing, up to now, my wife being a mongrel of jewish descent… and by my own detention in a German concentration-camp for some time, these papers and diaries contain the greatest part of my thoughts and plans collected in the long years of oppression." Kriegsgefangenenakte (8.10.1944), Archiv der Deut-

schen Dienststelle, Berlin. Zitiert nach W.G. Sebald, *Der Schriftsteller Alfred Andersch*, in: *Luftkrieg und Literatur*. Carl Hanser Verlag, München 1999, S.136f

28 *Literarische Welt*, 16.04.2005

29 Zit. nach Stephan Reinhardt, a.a.O., S.613

30 zitiert von Diogenes Verlag auf der Rückklappe der genannten Ausgabe; Sendemanuskript nicht erhältlich

31 ebd.

32 *Der Spiegel* 34/1980

33 *Süddeutsche Zeitung* 147/1980 (28./29.07.1980)

34 Vgl. Endnote 30

35 Marcel Reich-Ranicki, *Mein Leben*. Deutscher Taschenbuch Verlag, München 2000, S.11

36 eigentlich müsste es »lebenslange« heißen. Reich-Ranickis Lexik geht oft ins Dramatische.

37 Das Wort »Busen« meint ursprünglich die Einsenkung zwischen den Brüsten. Als Bezeichnung für die weibliche Brust zusammen mit dem Adjektiv »stattlich« handelt es sich um eine Sprachfigur aus dem Fundus des Trivialromans.

38 Persönliche Rede in Autobiographien ist fast immer Rekonstruktion. Das ist normal, der Autobiograph lief schließlich nicht mit einem Tonbandgerät herum. Aufschlussreich ist jeweils die deutende Tendenz.

39 William Shakespeare, *Hamlet*, Fünfter Aufzug, 1. Szene. »Ich kannte ihn, Horatio, ein Bursch von unendlichem Humor, voll von den herrlichsten Einfällen…« Übersetzt von August Wilhelm von Schlegel. In: Shakespeare, Sämtliche Werke, herausgegeben von Erich Loewenthal. Verlag Lambert Schneider, Heidelberg 1978. Band III, S.569

40 Günter Grass, *Die Blechtrommel*. Ungekürzte Lizenzausgabe der RM Buch und Medien Vertrieb GmbH, Ulm 1999. S.9

41 Originalzitat: »Am 28. August 1749, mittags mit dem Glockenschlage zwölf, kam ich in Frankfurt am Main auf die Welt. Die Konstellation war glücklich; die Sonne stand im Zeichen der Jungfrau, und kulminierte für den Tag; Jupiter und Venus blickten sie freundlich an, Merkur nicht widerwärtig; Saturn und Mars verhielten sich gleichgültig: nur der Mond, der soeben voll ward, übte die Kraft seines Gegenscheins um so mehr, als zugleich seine Planetenstunde eingetreten war. Er widersetzte sich daher meiner Geburt, die nicht eher erfolgen konnte, als bis diese Stunde vorübergegangen.

Diese guten Aspekten, welche mir die Astrologen in der Folgezeit sehr hoch anzurechnen wußten, mögen wohl Ursache an meiner Erhaltung gewesen sein: denn durch Ungeschicklichkeit der Hebamme kam ich für tot auf die Welt, und nur durch vielfache Bemühungen brachte man es dahin, daß ich das Licht erblickte. Dieser Umstand, welcher die Meinigen in große Not versetzt hatte, gereichte jedoch meinen Mitbürgern zum Vorteil, indem mein Großvater, der Schultheiß Johann Wolfgang Textor, daher Anlaß nahm, daß ein Geburtshelfer angestellt, und der Hebammenunterricht eingeführt oder erneuert wurde; welches denn manchem der Nachgebornen mag zugute gekommen sein.« Johann Wolfgang von Goethe, *Aus meinem Leben. Dichtung und Wahrheit*. Erstes Buch, in: Goethes Werke, Band IX, Autobiographische Schriften I, C.H. Beck Verlag, München 1998, S. 10

42 Später erfahren wir, »daß Oskar, […] trotz sparsam bemessener Körpergröße ein Geschlechtsteil mit sich führte, welches sich notfalls mit jedem [!] anderen, sogenannten normalen männlichen Attribut hätte messen können.« (523)

43 Joachim Kaiser: »Allen [Geschehnissen dieses Romans] ist eine Amoralität (nicht Unmoralität!) eigentümlich, […] eine gläserne, mitunter belustigte, belustigende Ferne von jeglicher humanistischen Attitüde.« (in: *Süddeutsche Zeitung*, München, 31.10./1.11.1959., Zitiert in Gert Loschütz, *Von Buch zu Buch. Günter Grass in der Kritik*. Luchterhand-Verlag, Neuwied und Berlin 1968, S.13)

44 Hans Magnus Enzensberger: »Die Blechtrommel kennt keine Tabus. […] Was [Grass'] brüske Eingriffe legitimiert, ja zu künstlerischen Ruhmestaten macht, ist die vollkommene Unbefangenheit, mit der er sie vornimmt. Grass jagt nicht, wie Henry Miller, hinter dem Tabu her: er bemerkt es einfach nicht.« in: Süddeutscher Rundfunk Stuttgart, 18.11.1959. zit. Ebd. S. 10

45 Hans Jakob Christoffel von Grimmelshausen: *Der Abenteuerliche Simplisissimus Teutsch*. Deutscher Taschenbuch Verlag, München 1975, S.16

46 »Bonbon« war in der DDR auch unter Erwachsenen ein Jargon-Ausdruck für Parteiabzeichen. Ich habe aber keinen Hinweis gefunden, dass er das schon zur Nazizeit gewesen wäre.

47 Joachim Kaiser: »Dem Rätsel dieses Buches kommt man auf die Spur, wenn man zu begreifen sucht, was alles sich der Autor versagt. Dann stellt sich nämlich heraus, daß Oskar - so gescheit er ist - mit den mitleidslosen Augen eines Kindes die Welt erfährt.« (in: *Süddeutsche Zeitung*, München, 31.10./1.11.1959., s. Anm. 43)

48 Hans Magnus Enzensberger: »[Grass hat] kein schlechtes Gewissen […], […] für ihn [ist] das Schockierende zugleich das Selbstverständliche […]. Dieser Autor greift nichts an, beweist nichts, demonstriert nichts, er hat keine andere Absicht, als seine Geschichte mit der größten Genauigkeit zu erzählen. Diese Absicht setzt er freilich um jeden Preis und ohne die geringste Rücksicht durch. Der Skandal, der darin liegt, ist letzten Endes an keinen Stoff gebunden: er ist der Skandal der realistischen Erzählweise überhaupt.« (s. Anm. 44)

49 Grass' SS-Mitgliedschaft war der Autorin, als sie dieses Buch schrieb, nicht bekannt. Sein »SS-Geständnis« wurde sechs Tage vor Erschei-

nen von »Fräulein Laura« in der FAZ veröffentlicht. (Anmerkung 2013)

50 Michael Jürgs, *Bürger Grass. Biographie eines deutschen Dichters*. C. Bertelsmann Verlag, München 2002

51 ebd., S.42. Die Szene, in der Oskar die Nazi-Parade aufmischt, wirkt wie eine gewissermaßen moralisch »gekonterte« Rekapitulation dieser Erinnerung.

52 Jürgs, S.47

53 ebd., S.56

54 ebd., S. 56

55 ebd., S. 58

56 zitiert bei Jürgs, S. 58

57 Friedrich Hitzer, zit. bei Stephan Reinhardt, a.a.O., S.624

58 »um die allergröbste Mißdeutung auszuschließen: niemand soll denken können, ich habe mit *Der Vater eines Mörders* die Sippe der Himmlers behaftet.« *Der Vater eines Mörders*, S. 136